野菜のおいしい 冷凍・解凍

東京海洋大学教授
鈴木 徹

料理研究家
島本美由紀

冷凍するとおいしくなる野菜は、
じつはいっぱいあるのです！
「冷凍学」を踏まえた簡単な
冷凍・解凍法を身につけて、
野菜をたくさん食べましょう！

作り置き・時短・カラダによい
レシピをテーマに、
冷凍博士の鈴木先生と
本を作りました。
今、問題になっている
食品ロスもなくすことができるので、
ぜひトライしてみてくださいね！

毎日新聞出版

目次

葉野菜

実野菜

根菜 きのこ 香味野菜

本書について

- ●大さじ1＝15㎖／小さじ1＝5㎖
- ●電子レンジは600W、トースターは1000Wを使用
- ●1人分を調理する場合は、「材料（2人分）」の分量の半分を目安に作ってください。

本書は毎日新聞購読者向けマガジン「私のまいにち」連載（2018年1月号～2018年12月号）の記事を書籍化にあたり加筆・訂正・改題しまとめたものです。

おいしく冷凍&解凍するポイント

冷凍した食品を解凍するとおいしくないことがありませんか？　失敗の原因は冷凍と解凍の方法が間違っているからです。メカニズムを正しく理解しておけば、なんでもおいしく食べられます。

解説・鈴木 徹

そもそもなぜ冷凍するのか？

家庭で食品を保存するために欠かせないのが冷蔵庫です。

一般的に冷蔵庫内は、冷蔵室が2〜6度ほどです。食品をそのままの状態で保存しておくことはできますが、あまり長くは保存することができません。長く放置しておくと食品は腐ってしまいます。その理由は微生物の活動が止まらないためです。

一方、冷蔵庫の冷凍室内の温度はマイナス18度以下です。この温度では微生物はまったく活動できません。そのため冷凍すれば、長期間保存できるようになります。ただし冷凍する前に食品を清潔にしておく必要はあります。

食品を冷凍するのは、品質を変えず、安心安全に長く保存するためだと理解しておきましょう。

冷凍&解凍のしくみ

食品の冷凍とは、簡単にいうと「食品の中に含まれている水を凍らせる」ということです。

少し難しい話になりますが、食品を含めて多くの物資は、分子で形成されています。通常の温度だと、分子同士がぶつかって反応を起こしています。

物質の温度を下げると、分子がゆっくり動くようになります。そうなると分子同士がぶつかりにくくなり、反応が起きにくくなるのです。さらに温度を下げマイナスになると、極めてゆっくりにしか分子が動けないようになります。

食品の場合、マイナスまで温度を下げると、含まれている水分が凍って氷になり「冷凍」状態になります。この状態では食品の微生物は活動できません。微生物も生き物ですから、自身の細胞に水分を含んでいて、その反応で生きています。しかし、その水分が凍ってしまうと、反応が極端に減り活動が停止してしまうのです。ただし、微生物は一部死んでしまうものもありますが、温度が通常に戻ると、またその多くが活動を再開します。

食品にさまざまな働きかけをする酵素も、冷凍すると活動停止します。

一方、食品の解凍とは、簡単にいうと「凍っていた細胞内の氷をとかす」ことです。

温度を上げれば氷はとけます。いたってシンプルな話ですが、その温度の上げ方は、どんな方法でもいいわけではありません。活動停止していた微生物や酵素は、解凍されると再び活動を始め、さまざまな反応を起こすからです。

冷凍&解凍のメリット

冷凍された食品は、微生物や酵素の活動が停止しているので、冷蔵しているときよりも、はるかに長期間保存することができます。おいしさと別に安全性で考えれば、冷蔵で1週間保存がきく食品は、冷凍なら無期限(半永久)に保存が可能になるという具合です。

冷凍すると食品のおいしさにかかわる品質を劣化させることなく保存できます。そのため、色が変化することはなく、栄養分の減少もほとんどありません。うまく冷凍&保管・保存&解凍ができれば、微生物や酵素も元通り働きます。

冷凍と解凍のメカニズムを、有効に利用できるのが発酵食品です。ヨーグルトや納豆を作る食品会社は、大切な乳酸菌や納豆菌を冷凍保存しています。菌類は、そのまま常温で保存すると発酵が過剰に進み、酸っぱくなったりして品質の劣化が起こります。ところが、冷凍保存&解凍すれば、菌類は再び正常に働くことができるようになるからです。

おいしく冷凍するポイント①凍らせる

冷凍は食品の細胞や微細組織に含まれている水分が結晶化し、粒状になり氷になることです。このとき、氷になる速さの違いによって粒の大きさが変わります。結晶化する速度が遅いと大きな氷の粒になり、速度が速いと小さな粒の氷になります。ここがとても重要なポイントです。氷の粒が大きくなると微細組織を傷つけたり、壊してしまうことがあるのです。

食品は解凍されると、結晶化していた氷がとけます。その際に微細組織がダメージを受けていると、水分や栄養分、うまみ成分などが流れ出します。これがドリップといわれるもので、食品の品質が劣化している証拠です。

では、劣化をなるべく防ぐためには、どうすればいいのでしょうか？　答えは、素早く冷凍することです。短時間で冷凍できれば、氷の粒は小さくなり、微細組織を傷つけにくくなります。

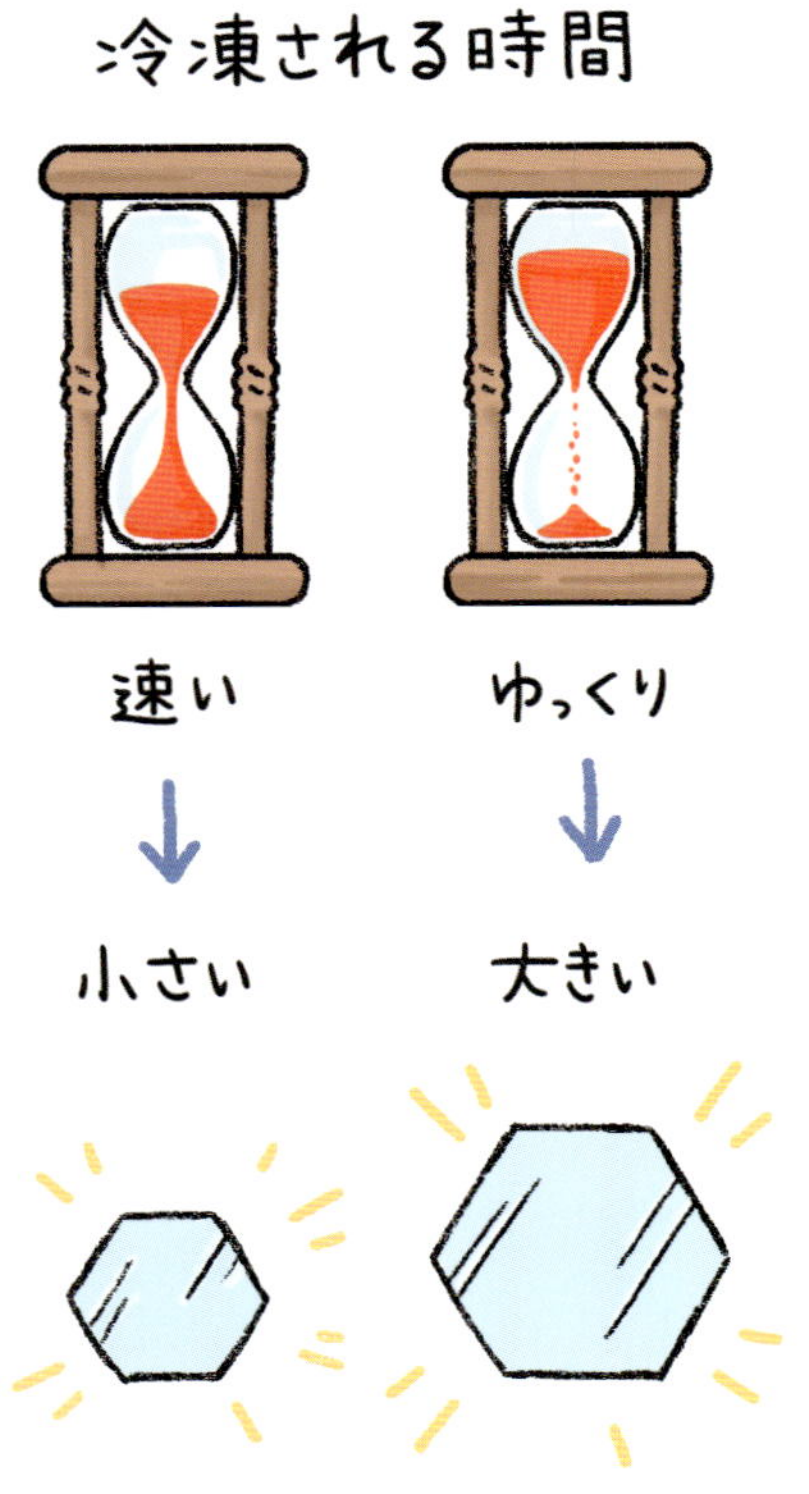

おいしく冷凍するポイント②保存の方法

上手に冷凍するためには、さらに見逃せない大事なポイントがあります。それは、どのような状態で食品を冷凍保存しておくかということです。

冷蔵庫の中はとにかく乾燥しています。食品をそのまま裸の状態で冷凍保存しておくと、水分が結晶化した氷が昇華《しょうか》してしまいます。昇華とは氷が水にならずに、いきなり水蒸気になって蒸発することです。氷が昇華するとその部分に穴が開き、食品成分が直接空気に触れることになってしまいます。その結果、トラブルが起こります。色が悪くなったり、においが発生したり、スポンジ状になって食感が悪くなるなどします。

例えば油分が空気に触れると食品が酸化し、嫌な味がするようになります。

乾燥させない対策としては、食品が直接空気に触れないようにすることです。冷凍用保存袋やラップをうまく使って、なるべく空気を遮断しましょう。

おいしく解凍するポイント

冷凍方法が正しくても、解凍方法が間違っていると台無しです。

生鮮食品の細胞内には酵素やいろいろな分子が決まったパターンで配置されています。いったん冷凍すると、その配置が崩れ、不規則な酵素反応が起こります。そうすると色が変化したり、嫌なにおいが出たりします。

生鮮食品を冷凍した場合の解凍のポイントは「低い温度で素早くとかす」ことです。温度を上げすぎると、酵素が活発に活動して反応が起こることになります。加熱済みの食品や調理済みの食品は、その限りではありません。

オススメは「氷水」で、低温で解凍することができます。流水は意外と温度が高めなので、オススメできません。

氷水で解凍
Zzz
酵素くんは
まだ睡眠モード

おいしい冷凍＆解凍のコツ

かたまりにしないで小さく、薄くする

家庭用冷蔵庫で冷凍する場合、食品は外側から内側に向かって凍るので、中心が凍るまでにはある程度の時間がかかる。中心が凍る時間は、外側から中心までの距離の２乗によるので、食品を小さくすれば時間を短くできる。食品をかたまりのまま冷凍するのは避ける。薄く切り重ならないようにして冷凍すれば、素早く凍らせることができる。

水分が多い食品はブランチング

水分を多く含む野菜は、あらかじめサッとゆでておくとよい。水分が適度に抜けるので、解凍しても大きな食感の変化や変色が防げる。短時間でかためにゆでることを「ブランチング」という。この方法は市販の冷凍食品でも使われていて、酵素などの働きを止めることができる。

ブランチングしたらよく冷ます

食品はできるだけ早く冷まして冷凍する。温かいまま放置すると、完全に凍るまで時間がかかりすぎ、色や味の低下や解凍したときにドリップが出る原因になる。ブランチングはたっぷりのお湯で最小限の時間でゆで、すぐに氷水に入れ冷ますとよい。

下ごしらえをして味をつける

水分を減らすという意味では、調味料で下ごしらえをするという方法もある。野菜に塩をふったり塩もみすれば、水分を抜くことができる。果物なら砂糖を使うとよい。

肉や魚ならはじめから味つけをして、冷凍しておくのもよい。冷凍するとある程度は細胞が壊れてしまうので、かえって味がしみ込みやすくなる。また、調理するときに味がついているので手間がかからない。

空気が入る隙間を作らない

冷凍保存中の食品を乾燥させないためには、いくつか方法がある。冷凍用保存袋に食材を入れ水を加えて空気に触れないようにする。食材に油を塗ってぴっちりラップする。冷凍用保存袋に食材を入れたら手でしぼるか、ストローでなるべく空気を抜くなどがある。

冷凍用保存容器にそのまま食品を入れて冷凍するのは、空気に触れる隙間ができるので避けたい。

野菜の冷凍・解凍に必要な道具

おいしく野菜を冷凍・解凍するために、基本の道具を準備しましょう。身近な道具でおいしく冷凍保存ができます。

＜冷凍に必要な道具＞

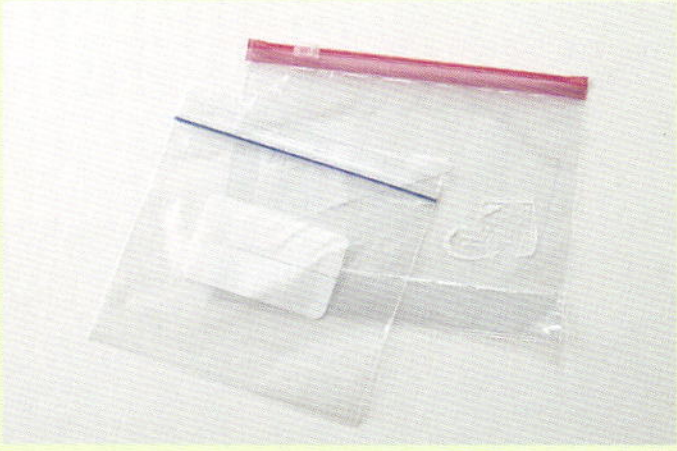

冷凍用保存袋

ラップに包んだだけで冷凍すると、直接空気に触れてしまいます。乾燥や酸化を防ぐためにも冷凍には専用の保存袋を使いましょう。なるべく空気を抜いて口を閉じるのもポイントです。洗って乾かせば繰り返し使えます。

ストロー

冷凍用保存袋に食品を入れるときに、形状などによっては、空気を抜きづらいことがあります。そんなときはストローを使いましょう。冷凍用保存袋の口を少しだけ開け、ストローを差して中の空気を吸い出します。ストローを抜きながら素早く口を閉じましょう。

ラップ

食品を小分けにして冷凍保存するときはラップを使います。使いやすい量ごとにラップに包んでから、冷凍用保存袋に入れて保存するとおいしさが長持ちします。量や大きさによって使い分けができるように、大小のサイズをそろえておくと便利です。

金属トレイ

金属製トレイやアルミのバットは熱伝導がよく、家庭でも短い時間で食品の冷凍を可能にしてくれます。短時間で冷凍できればおいしさを保てます。食品を冷凍用保存袋に入れたら、金属製トレイにのせて冷凍しましょう。

キッチンペーパー

食品を洗って水分をふきとるときには、キッチンペーパーが最適です。水分をしっかりとふきとることで、食品がくっついたり、霜がついたりするのを防いでくれます。厚手のタイプのものがオススメです。

＜解凍に必要な道具＞

深めのバット、フライパン

食品を解凍するときにオススメの方法が、氷水につけて解凍することです。その際に深めのバットとフライパンがあると便利です。厚みはあまりありませんが、大きさのある冷凍用保存袋でも、袋全体を氷水につけることができます。一般的なボウルでは、冷凍用保存袋の一部がはみ出したりするので、均一に解凍することができませんが、深めのバットやフライパンなら大丈夫です。

葉野菜

品質劣化が早くてついつい冷蔵庫に余りがちの葉野菜も
ちょっとしたコツで新鮮に冷凍することができます。
多めに購入したときは、ササッと冷凍してしまいましょう！

キャベツ
白菜
ほうれん草
小松菜
玉ねぎ
長ねぎ
ブロッコリー
もやし
豆苗

キャベツ

キャベツは生のまま冷凍・解凍すると水分が流出して食感が悪くなり、苦みが強くなってしまいます。塩もみをして冷凍するか、サッとゆでて水分をしっかり絞ってから冷凍をするとよいでしょう。

短冊切り

1 下ゆで冷凍

短冊切りにして、しんなりする程度に下ゆでした後、氷水にとり、水気をふく

2 ぴっちりラップで保存袋へ

3 凍ったまま調理 流水・冷蔵室解凍

凍ったまま調理、流水解凍、冷蔵室解凍などが可能。和え物やスープなどに

せん切り

1 塩もみ冷凍

せん切りにして、塩もみした後、しばらく味をなじませ、水気をきっちりと絞る

2 ぴっちりラップで保存袋へ

3 自然解凍

自然解凍。キャベツの漬け物と同じなのでそのまま生食可能

冷凍保存で 3~4週間

下味冷凍するときは調味液が全体に行きわたるように！

キャベツならではの甘みと食感をダイレクトに感じるには、サラダで食べるのが一番ですが、残った分の保存に悩みますよね。そこで、あらかじめ下味をつけてから冷凍する「下味冷凍」がオススメ。酵素反応を抑え、品質劣化を防ぐためには、もちろん塩もみするだけでもいいのですが、せっかくなら酢や砂糖、香辛料などを加えたピクルス液に漬けてみてはいかがでしょうか。塩分濃度が高い調味液であれば、液ごと保存袋に入れてもOK。液ごと冷凍すれば、脱水（乾燥）が適度に抑えられるため、食感や鮮度もキープできます。ただし、食材が直接空気に触れて酸化しないように、調味液をまんべんなく全体に行きわたらせて冷凍しましょう。下味がぐっとしみ込んでやわらかい上に時短にもつながり、一石二鳥です。

1人1食
165円

調理時間
7分

うまみがぎゅぎゅっと詰まったキャベツと豚肉のコラボ。食感も抜群！

塩もみキャベツの肉巻き

・材料（2人分）

冷凍キャベツ（塩もみ・せん切り）… 1/4個分（300g）
豚ロース薄切り … 6枚
塩・コショウ … 各少々
小麦粉 … 適量
ごま油 … 小さじ2
A｜しょうゆ … 大さじ2
｜みりん … 大さじ1
｜砂糖 … 大さじ1
｜酒 … 大さじ1

・つくり方

❶冷凍キャベツは自然解凍して水気を絞る。
❷豚肉は広げて、塩・コショウし、①を6等分したものを丸めて巻き、小麦粉をまぶす。
❸フライパンにごま油を入れて中火で熱し、②の巻き終わりを下にして焼く。
❹肉に火が通ったら、混ぜ合わせたAを加え煮からめる。

❷

❸

白菜

鍋物には欠かせない定番ですが、一玉買っても余ることが多いのが難点。そこで、ざく切りなどにして冷凍保存。凍ったままスープに入れたり、自然解凍でそのまま食べられるワザを紹介します。

冷凍保存で
3~4週間

ざく切り

1 生のまま冷凍

好みの長さ（5cm 程度）にざく切りにする

2 空気を抜いて保存袋へ

3 凍ったまま調理

凍ったまま調理可能。炒め物や、沸騰した煮汁に入れてスープや煮物に

短冊切り

1 塩もみ冷凍

短冊切りにして、塩もみした後、しばらくなじませ、水気をきっちり絞る

2 ぴっちりラップで保存袋へ

3 凍ったまま調理 自然解凍

凍ったまま調理または自然解凍。白菜の漬け物と同じなのでそのまま生食可能

下味をつけて冷凍保存すれば劣化が抑えられます。

7ページで野菜の品質劣化を最小限に抑えて冷凍保存するためには、加熱処理〝ブランチング〟がオススメ、というお話をしました。

白菜も下ゆでなどの加熱処理をしたうえで冷凍保存した方が、野菜の品質劣化を防ぐという意味では、もちろんベストですが、今回改めて実験したところ、**白菜の場合、生のままで冷凍しても、短い保存時間であれば品質はそれほど変わりませんでした。**

しかし、できれば「ブランチングと密閉」という基本は守ってほしいところ。下ゆでの代わりとしては、下味冷凍もオススメです。塩もみや塩分濃度の高い調味液に漬けることで酵素の働きが止まるので、加熱処理と同等の効果があります。**要するに白菜の漬け物と同じ原理。よく脱水してから冷凍すれば、日持ちもします。**

アサリとニンニクのうまみをたっぷり吸った白菜がピリ辛でウマウマ！

アサリと白菜の中華炒め

1人1食
130円

調理時間
7分

・材料（2人分）

冷凍白菜（生・ざく切り）… 1/8 個分
アサリ … 200 g
赤唐辛子（タネを取る）… 1 本分
ニンニク（縦薄切り）… 2 片
ごま油 … 大さじ 1 と 1/2
A　酒 … 大さじ 1
　　しょうゆ … 小さじ 2
　　みりん … 小さじ 1

・つくり方

❶アサリは砂抜きして軽く水洗いし、ザルにあげて水気を切る。
❷フライパンにごま油、赤唐辛子、ニンニクを入れ中火で熱し、香りが出たらアサリを加え軽く炒める。
❸冷凍白菜と混ぜ合わせたAを入れてフタをし、アサリの口が開くまで蒸す。

❷

ほうれん草

洋風にも和風にも中華風にも、どんなときも使いやすい葉野菜。11～3月頃が旬で、この時期のものは栄養価が高くなります。でもどんな時期も野菜売り場に置かれているので、積極的に摂取しましょう。

ざく切り

1 生のまま冷凍

水洗いし、水気をふき、ざく切りにする

2 空気を抜いて保存袋へ

3 凍ったまま調理

凍ったまま炒め物などに。アクが気になる場合、電子レンジで解凍し流水で洗って使う

粗みじん切り

1 下ゆで冷凍

ゆでた後、氷水にとって水気をとり、粗みじん切りにする

2 ぴっちりラップで保存袋へ

3 流水解凍 自然解凍

流水解凍や、バットに入れて自然解凍。おひたしなどに

豊富なビタミンCを冷凍してしっかり摂取！

スーパーの冷凍食品コーナーでもよく見かけるほうれん草。生のまま冷蔵室に入れていると、すぐにしなびてしまうので、買ってきたらすぐに冷凍することをオススメします。ほうれん草は冷凍保存に大変適した野菜だからです。

冷凍すればわりと長い間、保存でき、凍った状態でもすぐ使えるので料理の手間を省くことができます。

ほうれん草に含まれている豊富なビタミンC。ある実験結果では、冷蔵室で生のまま9日間保存すると70％減少しましたが、ブランチングしたほうれん草を冷凍庫で保存した場合、数カ月後もさほど変化がなかったことが判明しています。冷凍をして栄養をそのまま閉じ込めて、しっかり摂取していきましょう。

1人1食
150円

調理時間
8分

子どもも大人もうれしいひと手間カレー。

ほうれん草のドライカレー

・材料（2人分）

冷凍ほうれん草（ゆで・粗みじん切り）… 1/2 束分
合いびき肉 … 200 g
玉ねぎ（みじん切り）… 1/2 個
塩・コショウ … 各適量
A ｜ケチャップ … 大さじ 4
｜カレー粉 … 大さじ 1/2
｜中濃ソース … 小さじ 1
｜しょうゆ … 小さじ 1
｜顆粒コンソメ … 小さじ 1/2
ゆで卵 … 1 個

・つくり方

❶ボウルに合いびき肉、玉ねぎ、A を入れてよく混ぜる。
❷冷凍ほうれん草を中心に置いて、ふんわりとラップをかけ、電子レンジ（600 w）で 5 分加熱する。
❸一度取り出してよく混ぜ、塩、コショウで調味し、もう 1 分加熱する。
❹器に盛り、半分に切ったゆで卵を添える。

❷

小松菜

クセがなくアクも少ないので、漬け物やおひたし、炒め物など便利に使える野菜です。歯や骨の健康維持、貧血予防、血圧の上昇を抑制する作用があり、カルシウム、鉄分の含有量はほうれん草を上まわります。

ざく切り

1 下ゆで冷凍

さっと塩ゆでして氷水にとり、水気をとってざく切りにする

2 ぴっちりラップで保存袋へ

3 自然解凍

バットに入れ自然解凍。おひたしなどに

ざく切り

1 生のまま冷凍

水洗いし、水気をふき、ざく切りにする

2 空気を抜いて保存袋へ

3 凍ったまま調理

凍ったままソテーや煮汁に加える

アクが少ないので、冷凍保存に超オススメの野菜。

「アクが少ない」という理由から、生のまま冷凍できるところが小松菜のいいところ。

ざく切りにしてから、保存袋にそのまま入れて空気を抜いて冷凍しておけば、いつでも必要な分量を取り出して手軽に調理できます。凍った状態で電子レンジで3分ほど温めたり、袋ごと熱湯につければ、あっという間に解凍できます。

それをそのままおひたしにしたり、みそ汁に入れてもOK。冷凍保存にぴったりの優秀な野菜なのです。

保存袋から出して、小松菜そのものを流水解凍すると水っぽくなってしまうので要注意。

お弁当の副菜にも大変便利です。一気に加熱で使うなら、フライパンで油炒めをしてステーキの付け合わせに。

食欲をそそるお手軽中華。

小松菜と豚肉の白麻婆

・材料（2人分）

冷凍小松菜（生・ざく切り）… 1/2 束分（100ｇ）
豚バラ薄切り肉 … 100ｇ
絹豆腐 … １丁（300ｇ）
ごま油 … 大さじ１
長ねぎ（みじん切り）… 10㎝分
ニンニク（みじん切り）… １片分
ショウガ（みじん切り）… １片分
水溶き片栗粉（片栗粉小さじ１＋水大さじ１）
A｜水 … 200㎖
　｜顆粒鶏がらスープの素 … 大さじ 1/2
　｜塩 … 小さじ 1/2
粉唐辛子 … お好み

・つくり方

❶豚バラ肉は１㎝幅に、豆腐はさいの目に切る。
❷フライパンにごま油、長ねぎ、ニンニク、ショウガを入れ中火で熱し、香りが出たら豚肉を加え炒める。肉の色が変わったら混ぜ合わせたＡを注ぎ、沸騰したらアクをとる。
❸豆腐と冷凍小松菜を加えて軽く煮る。
❹水溶き片栗粉を加え、とろみが出たら器に盛り、お好みで粉唐辛子をふる。

❸

1人1食
170円

調理時間
7分

玉ねぎ

もともと玉ねぎは常温でも変化が少ない野菜の筆頭ですが、あえて冷凍することの最大の魅力は「時短」。おいしいけれど長時間炒める必要があった〝あめ色玉ねぎ〟などは、冷凍したものなら5分で完成します。

冷凍保存で
3~4週間

薄切り

1 生のまま冷凍

皮をむいて水洗いしてから水気をふき、薄切りにする

▼

2 ぴっちりラップで保存袋へ

▼

3 凍ったまま調理

凍ったまま沸騰した煮汁に入れる

みじん切り

1 レンチン冷凍

みじん切りにして耐熱皿に入れ、ふんわりラップした後、電子レンジで約２分加熱

▼

2 ぴっちりラップで保存袋へ

▼

3 凍ったまま調理

油を熱したフライパンで凍ったまま炒めれば、短時間であめ色に

玉ねぎはあまり劣化しない優秀な冷凍食材！

玉ねぎは、冷蔵保存でも日持ちしますが、冷凍しておけば芽が出ません。丸のまま、半割り、薄切り、みじん切りなど、切り方は何でもOK。ほかの野菜に比べると劣化が少ないのが特長です。**色も白く色素の変化が目立たない、もともと持っている栄養成分も熱に強いなど、冷凍しても変化が起きにくいのです。**生のまま冷凍が可能で、調理法もほぼ何でも大丈夫ですが、唯一不向きなのが解凍後の生食。サラダ用のオニオンスライスなどは、やはり食感が気になります。**一方、もっとも使える時短ワザは、みじん切り冷凍で作るあめ色玉ねぎ。**冷凍によって細胞内の水分が凍って組織が壊れるため、加熱と同時に水分が出てきますが、かえって一気に水分を飛ばしやすいので、簡単にあめ色玉ねぎが作れます。

牛肉と玉ねぎのすき煮

思わず顔がほころぶ大満足のおかずを、驚きの短時間で！
常備菜に、丼ものに、と大活躍の逸品です。

1人1食 270円

調理時間 5分

・材料（2人分）

冷凍玉ねぎ（生・薄切り）… 1個分（200ｇ）
牛薄切り肉 … 150ｇ
A　水 … 1/2カップ
　　しょうゆ … 大さじ2
　　みりん … 大さじ2
　　砂糖 … 大さじ1
卵黄 … 1個
万能ねぎ（小口切り）… 適量

・つくり方

❶鍋にAを入れて中火にかけ、沸騰したら冷凍玉ねぎを加える。
❷玉ねぎに火が通ったら、牛肉を加えてさっと煮る。
❸器に盛り、卵黄をのせ、万能ねぎを散らす。

❷

長ねぎ

白い部分と青い部分それぞれ栄養成分が違う長ねぎ。青い部分にはカロテンが多く含まれます。特有の強い香りは硫化アリルという成分によるもの。ビタミンB_1の吸収を助け、肩こりや疲労回復にも効果があります。

冷凍保存で
4週間

小口切り

1 生のまま冷凍

水洗いをして水気をふき、根元を切り落として小口切りにする

▼

2 ぴっちりラップで保存袋へ

▼

3 凍ったまま調理

凍ったまま沸騰したお湯に入れる。スープや薬味などに

ぶつ切り

1 生のまま冷凍

水洗いをして水気をふき、ぶつ切りにする

▼

2 空気を抜いて保存袋へ

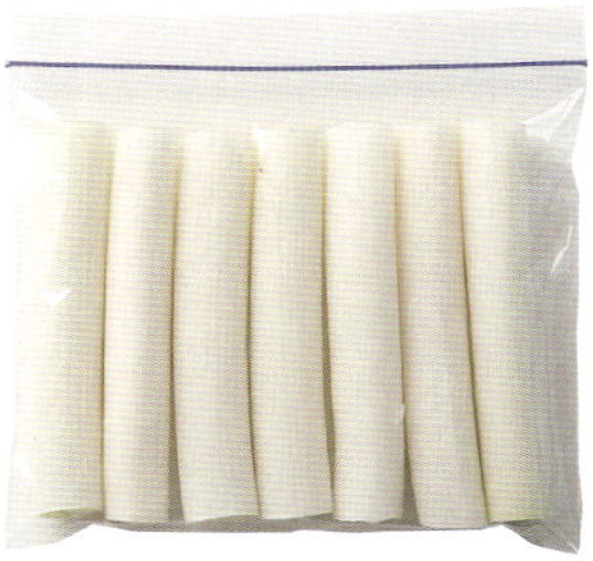

▼

3 凍ったまま調理

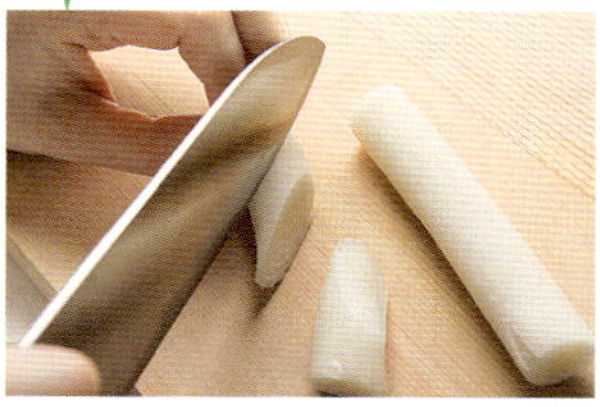

凍ったままでも切れるので、煮物や炒めものに

調理でどう使うかを考えて切っておきましょう。

生のまま冷凍するときは、用途によって切り方を変えましょう。

3～4㎝のぶつ切りにして直接保存袋に入れて、あとでグリルで焼いて、解凍できたら鶏肉と一緒に串刺しにし「ねぎま」を作ることもできます。

小口切りにして冷凍したものは、凍ったままみそ汁やスープなどの薬味に。長ねぎのほか、青ねぎも同じように小口切りにしたものをぴっちりラップで保存袋で冷凍しておけば、解凍していつでも刺し身や煮物などの薬味に使えます。

丸ごとそのまま冷凍するのではなく、調理でどう使うかを考えて切っておくと、いざというときにとても役立つのがねぎ類のいいところです。

1人1食
88円

調理時間
6分

あと一品加えたいときに驚くほど簡単にできる逸品。
シャキシャキのねぎの食感もたまらない！

ねぎと厚揚げの南蛮照り焼き

・材料（2人分）

冷凍長ねぎ（生・ぶつ切り）… 1本分
厚揚げ … 1枚
A 砂糖 … 小さじ2
　しょうゆ … 小さじ2
　酢 … 小さじ2
マヨネーズ … 適量
万能ねぎ（小口切り）… 適量

・つくり方

❶厚揚げは8等分に切る。冷凍長ねぎは凍ったまま長さを半分に切る。
❷フライパンに①を並べ、上下を返しながら中火で3～4分ほど焼き、焼き色がついたら混ぜ合わせたAを加え煮からめる。
❸器に盛り、マヨネーズをかけて万能ねぎを散らす。

❷

ラク家事MEMO

料理に彩りをプラス！
万能ねぎの冷凍も便利

万能ねぎも小口切りにして、生のまま冷凍が便利。使いやすい量ごとにラップで包み、冷凍用保存袋に入れれば1カ月ほど冷凍保存が可能。みそ汁やそうめんの薬味など、凍ったまま使えるので重宝します。

ブロッコリー

冷凍すると火が通りやすいブロッコリーは、短い時間で調理するのがポイントです。小房に分けたり、粗みじん切りにして保存袋に入れて冷凍しておけば、調理もスピーディーで彩りもキレイです。

小房

1 生のまま冷凍

できるだけ新鮮なブロッコリーを入手。水洗いしてから包丁または手で小房に分ける

2 空気を抜いて保存袋へ

3 凍ったまま調理 電子レンジ解凍

凍ったまま調理可能。電子レンジで短時間加熱をしても

粗みじん切り

1 下ゆで冷凍

小房に分けてかために塩ゆでした後、すぐ氷水にとり水気をとって粗みじん切りにする

2 ぴっちりラップで保存袋へ

3 凍ったまま調理 流水・冷蔵室解凍

凍ったまま調理のほか、流水解凍、または冷凍庫から冷蔵室に移して解凍も可能

重要なのは解凍法。加熱しすぎには注意が必要です！

ブロッコリーは、野菜の中でもとくに酵素反応が起きやすい。冷凍解凍の方法を間違えると、色が変わったり、すえたにおいがしたり、食感もベチャッとなるなど、非常に変化がわかりやすい野菜です。ですから生のまま冷凍した場合、解凍時には、一気に加熱する必要があります。スープなどに冷凍野菜をそのまま入れる場合は、意外と温度管理が難しいのです。スープの温度が一気に下がらないよう、工夫しながら調理する必要があります。

またブランチングする場合は、解凍時の加熱のしすぎに注意を。ちょうどいい仕上がり（食感）にするには、下ゆで時間＝解凍時の加熱時間、ということを頭に入れて調理しましょう。

ブロッコリーの白和え

練りごまも加わり、栄養満点の組み合わせ！ ササッと和えてもう一品。

1人1食 **35**円

調理時間 **5**分

・材料（2人分）

冷凍ブロッコリー（ゆで・粗みじん切り）… 1/2 株分（150 g）
絹豆腐 … 100 g
A｜白練りごま … 大さじ 1
　｜砂糖 … 小さじ 1
　｜昆布茶の素 … 小さじ 1/3
　｜塩 … 小さじ 1/3

・つくり方

❶豆腐はペーパータオルで包み、水気をしっかりと切る。
❷ボウルにAと①を入れて豆腐をつぶしながらよく混ぜ合わせ、解凍した冷凍ブロッコリーを加えて、和える。

❷

もやし

傷みやすいもやしですが、お手軽でいろいろな栄養素をふんだんに含んだ万能野菜だからこそ、常備しておきましょう。

加熱料理に冷凍もやし！生のままよりも味がしみ込みます。

もやしが冷凍に向くかどうか実験してみたところ、解凍したときに、独自のシャキシャキした感じは出ませんでした。しかし、炒め物やスープといった加熱調理の料理には合うことがわかり、逆に味がよくしみ込んでくれます。

使うときは冷凍状態のままで大丈夫。保存袋の上から軽くもむと、もやし自体がバラバラになって取り出しやすくなります。使う分だけ取りまた冷凍庫に入れてスタンバイさせておくことができます。

冷凍保存で 3~4週間

そのまま

1 生のまま冷凍

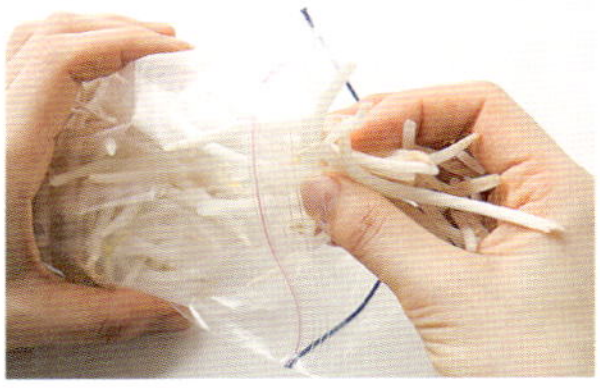

パッケージごとや使いかけならそのまま保存袋に入れる

2 空気を抜いて保存袋へ

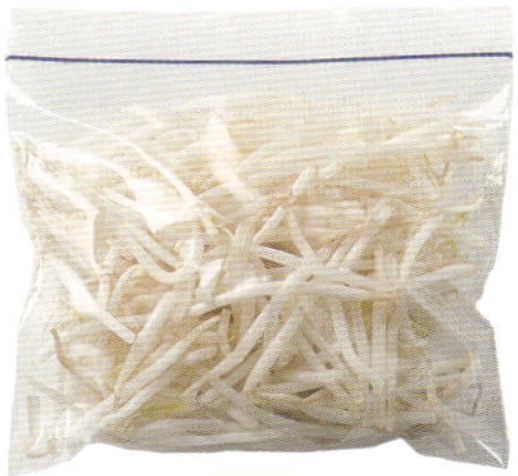

3 凍ったまま調理

シャキシャキした食感はなくなるので、加熱調理に

1人1食 53円

調理時間 7分

お給料前のピンチ時に大活躍！
ピリ辛がおいしいダイエット料理。

もやしの卵とじ

・材料（2人分）

冷凍もやし…1/2袋分　鶏ひき肉…80g　卵…2個
サラダ油…小さじ1　七味唐辛子…お好み
A　水…100㎖　しょうゆ…大さじ1
　みりん…大さじ1　酒…大さじ1
　砂糖…大さじ1/2　和風顆粒だし…小さじ1/2

・つくり方

❶フライパンにサラダ油を入れて中火で熱し、鶏ひき肉を軽く炒める。
❷混ぜ合わせたAを入れてひと煮立ちさせ、冷凍もやしを加える。
❸割りほぐした卵をまわし入れ軽く煮る。
❹器に盛り、お好みで七味唐辛子をかける。

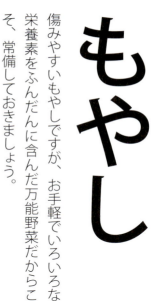

豆苗

エンドウマメの若い葉と茎を食べる緑黄色野菜。食物繊維がたっぷりで、老化を防ぐビタミンAやビタミンCを含んでいます。

冷凍保存で3~4週間

根元の部分を切って袋へ。1カ月くらいは保存可能！

豆苗も冷凍保存が可能です。根元の部分を切って保存袋に入れておくと、1カ月くらいはもってくれます。

豆苗は、根元部分や葉の部分がみずみずしくて緑が濃いものを選びましょう。葉がしっかり開いているものがオススメです。

豆苗は2度収穫できるので、根元が白いもの、黄色味がかっていないものを意識して選ぶと、長く楽しむことができます。

ざく切り

1 生のまま冷凍

水洗いしてから根元を切り落とす

2 空気を抜いて そのまま保存袋へ

3 凍ったまま調理

凍ったまま炒め物やスープに

1人1食 140円

調理時間 6分

豚肉は良質のたんぱく質。健康になれる料理の決定版！

豆苗と豚肉のレンジ蒸し

・材料（2人分）

冷凍豆苗 … 1パック分
豚バラ薄切り肉 … 100ｇ
酒 … 大さじ1
ごまダレ … 適量
ラー油 … お好み

・つくり方

❶豆苗は凍ったまま長さを半分に切る。豚肉はひと口大に切る。
❷耐熱皿に豆苗、豚肉、豆苗の順に何度か重ね、酒をふり、ふんわりとラップをかける。
❸電子レンジで４分加熱し、ごまダレをまわしかけ、お好みでラー油をたらす。

冷凍室の役立つ収納テクニック

どこに何を収納したのか、ひと目でわかるようにしておくと、最後までおいしく使い切れます。ここでは、冷凍室の役立つ収納テクニックをご紹介します。

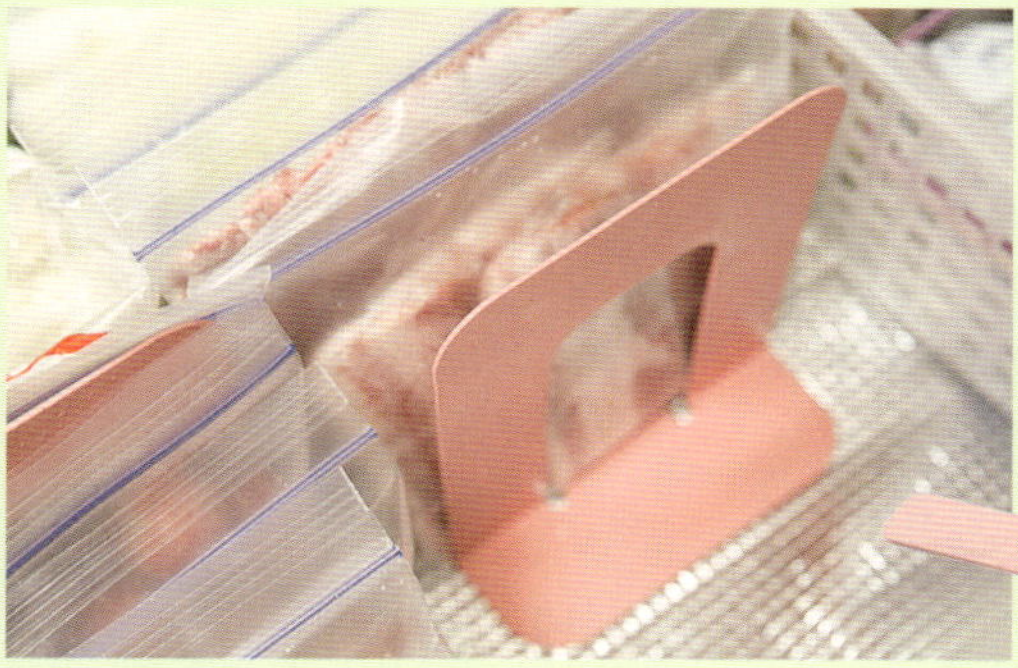

金属製のブックエンド

冷凍室の収納に活躍するのがブックエンド。100円ショップなどで購入でき、金属製なら冷却効果も抜群です。サイズは冷凍用保存袋の大きさ程度が目安。

立てて収納が基本

冷凍室は上から見ることが多いので、保存袋に入れた食材や冷凍食品などは、立てて保存するとスッキリ見えて取り出しやすくなります。その際、金属製のブックエンドを使うと増減で幅を調整しやすい。冷凍室は、たくさん詰めることで節電につながります。

冷凍スペースを確保する

素早く冷凍が命のホームフリージングでは、アルミトレイが必須アイテム。熱伝導のいい金属製のアルミトレイを置き、冷凍スペースを確保しましょう。食材を入れた袋をアルミトレイに寝かせて凍結し、下の段に移動しましょう。

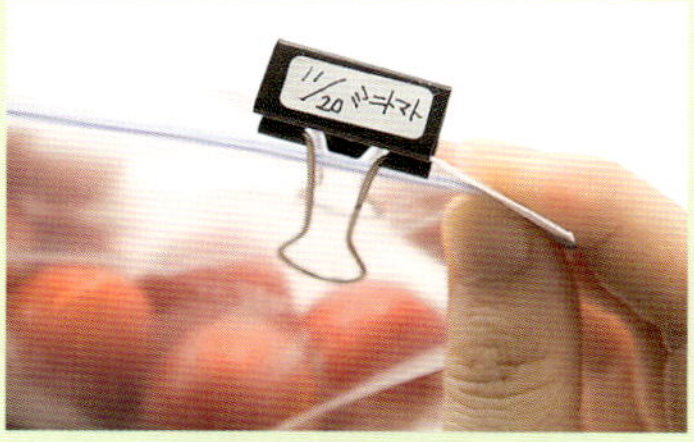

クリップの背に食材名と日付

シールに食材名と保存した日付を書いて事務用のダブルクリップの背に貼り、保存袋につけると庫内で見やすくなります。また、シールを貼り替えれば保存袋が繰り返し使えるように。シールやダブルクリップは100円ショップなどで購入できます。

使いかけは保存袋に入れる

開封した冷凍食品は事務用クリップで留めて、冷凍用保存袋に包装ごと入れて乾燥を防ぎましょう。大きな箱から取り出したものや個包装のものは、賞味期限や解凍方法が書かれた部分を切り取り、一緒に袋に入れておくと安心です。

小分け冷凍は上段にまとめる

開閉による温度変化に影響されやすい上段には、小分け冷凍した薬味やごはんなど、こまごましたものや使用頻度の高いものをまとめておくと使いやすくなります。

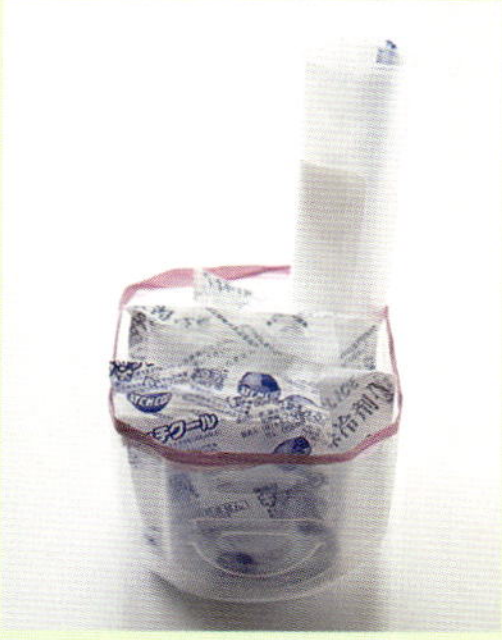

保冷剤や保存袋はまとめて

バラバラになりやすい保冷剤は一カ所にまとめましょう。繰り返して使いたい保存袋は洗ったら濡れたまま冷凍室に入れて収納を！水滴が氷となって使う際にパラパラと落ちるので、ふく手間もなく便利です。

実野菜

比較的、かたい表皮に守られている実野菜は、
野菜の中でも冷凍に適しています。
購入したその日のうちに処理するのがオススメです。

トマト
キュウリ
ナス
ピーマン・パプリカ
インゲン
ゴーヤー
オクラ
カボチャ
枝豆
とうもろこし

トマト

料理にコクと酸味を与えるので、煮込み料理やスープ、パスタソースにと汎用性が高く優秀野菜といえるトマト。うまみと糖度が凝縮した旬の時期に丸ごと冷凍することによって、栄養も余すことなく取り込めます。

冷凍保存で
3~4週間

丸のまま

1 生のまま冷凍

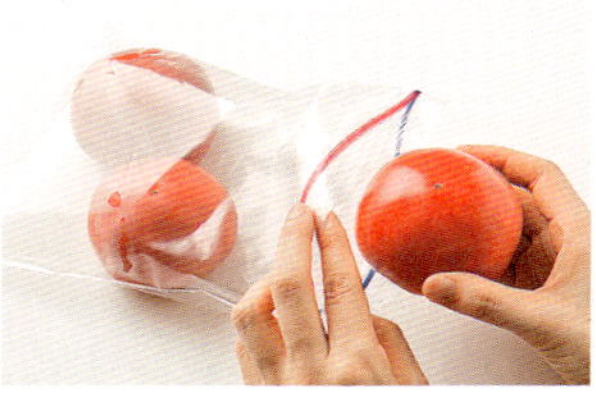

水洗いしてから水気をふく

2 空気を抜いて保存袋へ

3 凍ったまま調理

表面が少しやわらかくなったら、皮ごとすりおろしてシャーベットや和え物に

角切り

1 生のまま冷凍

水洗いしてから使いやすいサイズ（1cm程度）の角切りにする

2 空気を抜いて保存袋へ

3 凍ったまま調理

凍ったまま必要な分量だけ折って、調理可能。煮込み料理やスープ、ソースなどに

面倒な下処理不要！丸ごと冷凍にもっとも適した食材。

　トマトはかたい表皮に守られているため、比較的劣化が少ない食材です。しかも生のまま丸ごと冷凍したものは、冷凍室から出して2~3分置くと、包丁で簡単に切ることができます。ちなみに大玉よりミニトマトの方が糖度も栄養価も高いのですが、こちらも丸ごと冷凍が可能です。ただしそれは、旬の時期にとれた完熟のものを冷凍するのが大前提。新鮮な食材でなければ、うまみや甘みをキープすることは不可能です。鮮度の落ちた野菜や、もともとうまみの少ない食材は、冷凍してもそれなりの味にしかなりません。また丸ごと冷凍するときには、ヘタを取らないで冷凍しましょう。ヘタを取ってしまうと断面ができ、そこから劣化が始まります。

1人1食
120円

トマトの爽やかな酸味とツナ缶でいつものそうめんがボリュームアップ！

トマトツナそうめん

調理時間
7分

・材料（2人分）

冷凍トマト（生・丸のまま）…１個（200ｇ）
ツナ缶…１缶
そうめん…３束（150ｇ）
大葉（せん切り）…４枚
めんつゆ（ストレート）…適量

・つくり方

❶鍋に湯を沸かし、そうめんを袋の表示通りゆでて流水で洗い、水気を切って器に盛る。
❷冷凍トマトは4～5分室温に置いてからざく切りにし、①にのせる。
❸缶汁を切ったツナ、大葉をのせ、めんつゆをかける。

ラク家事 MEMO

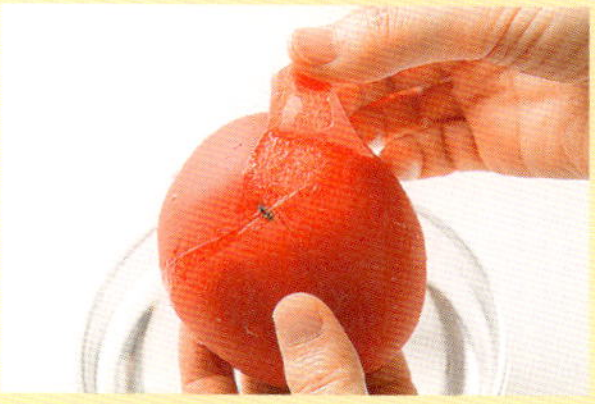

凍ったまま流水にさらせば、皮むきが驚くほどラク！

丸ごと冷凍したトマトは、面倒な皮むきがとても簡単です。包丁でお尻の部分に十字に切り目を入れ、流水にあてながら切り目の部分を引っ張ると、ツルンときれいにむけます。

キュウリ

夏野菜の代表格、キュウリ。家庭菜園でも人気の野菜ですが、旬になると育ちすぎて、処理に困ることもしばしばです。そこで、塩もみ冷凍や炒め冷凍などを紹介。調理時間の短縮にもなって、一石二鳥です。

乱切り

1 炒め冷凍

乱切りにして油でサッと炒め、しっかり熱を冷ます

2 ぴっちりラップで保存袋へ

3 凍ったまま調理 流水・冷凍室解凍

凍ったまま調理、流水解凍、冷蔵室解凍などが可能。和え物やスープなどに

輪切り

1 塩もみ冷凍

輪切りにして、塩もみした後、しばらくなじませ、水気をきっちりと絞る

2 ぴっちりラップで保存袋へ

3 自然解凍

自然解凍。漬け物と同じなので水気を絞れば生食可能

冷凍保存で 3~4週間

「下味冷凍」「炒め冷凍」でシャキシャキ食感をキープ！

キュウリの魅力は、なんといってもそのみずみずしい食感ですよね。ただ、水分の多い野菜を冷凍する場合、冷凍の仕方を間違えると、野菜本来の食感が失われてしまうことがあります。しかし**サイズを小さくして冷凍しておけば、食感はわかりにくくなります。**冷凍する際はそれを利用して、できるだけ薄切りにしたり、乱切りにしたりして、食感が気にならないよう工夫します。さらに、塩もみをして脱水したり、また炒めるなど少し加熱処理をしたうえで冷凍することで、酵素反応を抑え、品質劣化を防ぐことができます。**生のまま冷凍すると、色が変わるうえに食感もよくないので、やはり下処理してから冷凍するのがオススメです。**調味液に漬けて冷凍すれば、味もしみて時短につながります。

爽やかな彩りと味わいで、キュウリの食感も Good!

鮭とキュウリの混ぜごはん

1人1食 70円

調理時間 10分

・材料(2人分)

冷凍キュウリ(塩もみ・輪切り)… 2 本分
ごはん … 1 合分
すし酢(市販品)… 大さじ 1
甘塩鮭 … 1 切れ
大葉(粗みじん切り)… 3 枚
白いりごま … 適量

・つくり方

❶ごはんにすし酢を加えて混ぜる。
❷鮭はグリルで焼いて、骨を取ってほぐす。冷凍キュウリは自然解凍して水気を絞る。
❸①に②と大葉、白いりごまを加え混ぜる。

❷

❸

ナス

5本程度まとめて買うことが多い野菜ですが、中途半端な量が残る場合も多いはず。丸のまま冷凍できるので、残ってしまったら新鮮なうちに冷凍してしまいましょう。

丸のまま

1 生のまま冷凍

水洗いしてから水気をふく

2 空気を抜いて保存袋へ

3 凍ったまま調理 電子レンジ解凍

表面が少しやわらかくなってきたら、皮ごと切って炒め物や和え物に

皮むき

1 焼いて冷凍

皮が黒くなるまで焼いたナスを冷水にとり、竹串などで皮をむき、しっかり冷ます

2 ぴっちりラップで保存袋へ

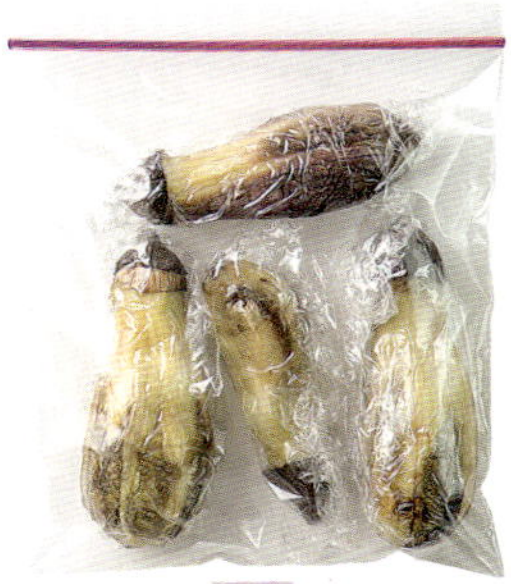

3 自然解凍 冷蔵室解凍

自然解凍または冷蔵室解凍。かつおぶし、万能ねぎ、ショウガなどを添えて食卓へ

表皮が厚いので そのまま冷凍保存 または焼いて冷凍。

ナスもかたい表皮に守られているため、比較的劣化が少なく、丸のまま冷凍が可能な野菜のひとつです。ただし、へたの部分を取ると逆に断面ができるため、劣化する原因になります。へたは取らずにそのまま冷凍しましょう。冷凍するときは個別にラップする必要はありません。凍ったまま調理が可能ですが、解凍時に切ってから調理する場合は、少し表面がやわらかくなってから包丁を入れないと刃こぼれする危険性があるので注意しましょう。炒め物、揚げ物、みそ汁、煮込み料理など、幅広く活躍してくれます。

また加熱してから冷凍するのであれば、焼いて冷凍するのもオススメです。冷凍前にしっかりと焼いたうえで皮をむいて保存するので、解凍時は手間いらず。食卓にもう一品ほしいときに、最適です。

1人1食
50円

調理時間
8分
（漬け込みの時間は含まない）

めんつゆと酢でさっぱり！ 揚げ物なのに油がはねない！

ナスの揚げびたし

・材料（2人分）

冷凍ナス（生・丸のまま）… 2本（200g）
A | めんつゆ（ストレート）… 1/2カップ
　| 酢 … 大さじ1
かつおぶし … 適量
万能ねぎ（小口切り）… 適量
ショウガ（すりおろし）… 適量

・つくり方

1. 冷凍ナスは室温に3～4分ほど置き、縦6～8等分に切る。
2. すぐに①を170度の油（分量外）で揚げ、揚がったものから混ぜ合わせたAの液にひたしていき、そのまま味がしみ込むまでしばらく置く。
3. 器に盛り、かつおぶし、万能ねぎをふり、ショウガを添える。

ラク家事 MEMO

**生のまま冷凍で
即席ナス漬け**

生のまま冷凍したナスは、自然解凍した後、水気を絞ると漬け物風の食感になります。もう一品ほしいというときに、ちょっとした和え物にしたり、みそ汁の具にしても。

ピーマン・パプリカ

ピーマンの苦みはポリフェノールの一種「クエルシトリン」にピーマン特有のにおいが加わって感じられるもの。高血圧抑制や抗うつ作用などの効果があります。

冷凍保存で
3~4週間

細切り

1 生のまま冷凍

細切りにする

2 空気を抜いて
保存袋へ

3 凍ったまま調理
電子レンジ解凍

電子レンジで加熱、凍ったまま調理など

丸のまま

1 生のまま冷凍

水洗いし、水気をふく

2 直接保存袋へ

3 凍ったまま調理

中が空洞なので、凍ったまま切ることができる

凍ったままか、半解凍の状態でカット。

ピーマンは栄養価抜群の野菜で、ビタミンC、カロテンやビタミンE、カリウムなどが豊富に含まれています。においの成分であるピラジンには血液サラサラ効果があり、脳梗塞や心筋梗塞の予防によいと言われています。

酵素反応による色や食感の変化を防ぐため、凍ったままか、あるいは半解凍の状態でカットして加熱調理するとよいでしょう。完全に解凍すると弾力が失われてしまいます。

パプリカは解凍してもあまり生と食感が変わりません。サラダに使ってもOK。

凍った状態のままですりおろしてペースト状にしたり、半解凍してカットしてから加熱調理をすることをオススメします。

見た目も鮮やかなヘルシーおかず。

彩りピーマンと鶏むね肉の甘酢炒め

1人1食 115円

調理時間 10分

・材料（2人分）

冷凍ピーマン（生・細切り）… 1個分
冷凍赤パプリカ（生・細切り）… 1/4個分
冷凍黄パプリカ（生・細切り）… 1/4個分
鶏むね肉 … 1枚
塩・コショウ … 各少々
片栗粉 … 適量
サラダ油 … 小さじ2
酒 … 大さじ1
白いりごま … 適量
A しょうゆ … 大さじ1と1/2
　砂糖 … 大さじ1と1/2
　酢 … 大さじ1と1/2

・つくり方

1. 鶏肉は皮と余分な脂肪を取り除き、横半分に切ったものを細切りにする。塩・コショウをふり、薄く片栗粉をまぶす。
2. フライパンにサラダ油を入れ中火で熱し、①を加え、軽く炒めてから酒を加える。
3. 肉の色が変わったら、冷凍ピーマン・パプリカを加えて炒め合わせ、全体に油がまわったら混ぜ合わせたAを加えて煮からめる。
4. 器に盛り、白いりごまをふる。

インゲン

インゲンは野菜の中でも日持ちする方ですが、できれば新鮮なうちに食べたいもの。生の状態でもそのまま冷凍保存でき、処理もラクなので、ぜひ定番に！

小口切り

1 下ゆで冷凍

さっとゆでて小口切りにする

2 空気を抜いて保存袋へ

3 凍ったまま調理

凍ったまま炒め物や揚げ物に

丸のまま

1 生のまま冷凍

水洗いし、水気をふく

2 空気を抜いて保存袋へ

3 凍ったまま調理

直接煮汁に入れて煮物に。炒めものでも OK

凍ったまま ポッキリと折れて 手間ナシ料理に最適。

インゲンが日本にやってきたのは17世紀。明《みん》（今の中国）の禅僧、隠元《いんげん》が日本に伝えたそうです。若いさやを食べる場合は「サヤインゲン」、完熟した豆を食べる場合は「インゲン」と呼ばれています。

カロテンや食物繊維、カルシウムや鉄分などのミネラルが豊富で、栄養価の高い野菜です。

急いで解凍するときは、電子レンジでの加熱がオススメ。凍ったままの状態で、炒め物、煮物、揚げ物にもできます。

インゲンは凍ったままポッキリと折れるので、包丁で切る手間が省けます。彩りにも使えるので、凍らせておいて、少量ずつお弁当のおかずにも便利です。

1人1食
165円

調理時間
15分

インゲンの食感も楽しめる食欲そそる逸品！

インゲンと豚肉のチーズフライ

・材料（2人分）

冷凍インゲン（生・丸ごと）… 6本
豚薄切り肉 … 6枚
ベビーチーズ（プロセス）… 1個
A ｜ 卵 … 1個
　｜ 水 … 大さじ1
　｜ 小麦粉 … 大さじ4
パン粉 … 適量
ソース … お好み

・つくり方

❶ベビーチーズは縦3等分に切り、冷凍インゲンは凍ったままヘタを切り落とす。
❷豚肉は3枚ずつ、幅の広いほうと狭いほうを互い違いに少し重ねて置き、①をのせ、手前からくるくると巻く。
❸②に混ぜ合わせたAをからめてパン粉をまぶし、170度の油（分量外）で3分ほど揚げる。
❹衣がきつね色になったら取り出して3等分に切り、器に盛る。お好みでソースをかける。

ラク家事 MEMO

凍ったまま好きな大きさに折って使える！

インゲンは切ってからではなく、そのまま冷凍用保存袋に入れて冷凍すればOK。凍ったまま手で好きな大きさに折って使えるので、インゲンは丸ごと冷凍が便利です。

ゴーヤー

エコロジーの観点からゴーヤーを植えて緑のカーテンを作る人が増えました。やはり旬の夏が一番おいしいようです。ビタミンCの量が多く、キュウリのやトマトの5倍以上も含まれているといわれています。

冷凍保存で
3~4週間

薄切り

1 生のまま冷凍

種とワタをとり、薄切りにする

2 ぴっちりラップで保存袋へ

3 凍ったまま調理

凍ったまま調理。ソテーや煮汁に加えて

薄切り

1 塩もみ冷凍

薄切りにして塩もみをした後、しばらくなじませ、水気を絞る

2 ぴっちりラップで保存袋へ

3 流水・冷蔵室解凍

流水・冷蔵室解凍が可能。解凍後は生でも、加熱料理でも

加熱で酵素が失活したものは問題なく冷凍・解凍できます。

冷凍をするとゴーヤー独特の苦みが薄まり、自然解凍して水にさらせばそのまま食べることができます。

まとめて冷凍保存しておくと、いろいろな料理に使えます。

冷凍・解凍する際には、解凍の際の酵素反応で色や食感が変化しないように要注意。解凍すると、弾力がなくなりますが、冷凍・解凍すると苦みが抜けやすくなるという利点もあります。

炒め物など加熱により酵素が失活したものは問題なく冷凍・解凍できます。

イボがしっかりしていてツヤがあり、全体に鮮やかな緑色をしているものを選んでください。

ゴーヤーのおひたし

さっぱりシャキシャキがやみつきになるオススメサイドメニュー。

1人1食 **92**円

調理時間 **7**分

（なじませる時間は含まない）

・材料（2人分）

冷凍ゴーヤー（塩もみ・薄切り）… 1本分

玉ねぎ… 1/4個

A
- しょうゆ… 大さじ1
- 酢… 大さじ1
- かつおぶし… 5g
- 塩… 少々

・つくり方

❶冷凍ゴーヤーは流水解凍をして水気をしっかり絞る。玉ねぎは薄切りにし、5分ほど酢水（分量外）にさらして水気を絞る。

❷ボウルに①とAを入れて和え、冷蔵庫で1時間ほど置く。

❷

オクラ

独特のネバネバは糖たんぱく質だけでなく、ガラクタン、アラバン、ペクチンといった水溶性食物繊維によるもの。加熱によって細胞から水溶性食物繊維がいっぱい出るため、ネバネバがしっかりと残ります。

丸のまま

1 生のまま冷凍

ガクをとって板ずりをする。水洗いし水気をふく

2 空気を抜いて保存袋へ

3 凍ったまま調理

凍ったまま調理可能。だし汁に入れて煮びたしなどに

小口切り

1 下ゆで冷凍

さっとゆで、小口切りにする

2 並べて保存袋へ

3 凍ったまま調理

凍ったまま納豆やそうめんなどのトッピングに

余ったらソク冷凍！小口切りにしてみそ汁の具にも！

オクラも使い切れないことが多い野菜ですが、余ってしまったときは1~2本でも、すぐに冷凍してしまいましょう。

丸ごと生のまま冷凍すれば、煮物や天ぷら、炒め物に。さっとゆでて小口切りにしたものは解凍して生のままで食べることができるので、蕎麦やうどんなどのめん類にのせたり、みそ汁の具にもＯＫです。

日本で本格的に食用として使われ出したのは１９６０年代だったとか。今では健康野菜の代名詞、女性たちの人気者になりました。オクラのネバネバは胃壁を守ってくれるため、アルコールを飲む前などに摂取しておくとよいでしょう。

1人1食
75円

調理時間
7分

おかずに、つまみに、簡単ラクワザ料理！

オクラとちくわの磯辺揚げ

・材料（2人分）

冷凍オクラ（生・丸ごと）… 4本
ちくわ … 4本
A　小麦粉 … 30g
　　冷水 … 50mℓ
　　青のり … 大さじ1
塩 … 少々

・つくり方

❶ちくわに冷凍オクラを詰める。
❷よく混ぜたAに①をくぐらせ、180度の油（分量外）で2分ほど揚げる。
❸食べやすい大きさに切って器に盛り、塩をふる。

❶

ラク家事 MEMO

ネットで水洗いでも板ずりできる！

塩で板ずりをするとオクラが色よく仕上がるのですが、時間のないときや色を気にしない料理の場合はネットに入れたまま水でもみ洗いするだけでOK！ きれいにうぶ毛が取れます。

カボチャ

煮物や揚げ物、和に洋に大活躍の万能野菜カボチャ。丸ごと1個買ったけど使い切れない！ という経験はありませんか？ カットしてしまったカボチャは長持ちしにくいので冷凍してしまうのが賢い方法です。

冷凍保存で
8 週間

薄切り

1 焼いて冷凍

薄切りにし、油を引いたフライパンで焼いて、しっかり熱を冷ます

2 ぴっちりラップで保存袋へ

3 自然解凍

バットに入れて自然解凍。カレーやつけ合わせに

角切り

1 電子レンジ冷凍

角切りにして、ラップをし、電子レンジで 2 分加熱

2 ぴっちりラップで保存袋へ

3 凍ったまま調理

凍ったまま沸騰した煮汁に入れる

日持ちしない野菜でも冷凍することで長期保存が可能に！

カボチャは秋から冬にかけてよく食べられる野菜ですが、もともとは夏野菜。昔は夏に収穫し、丸ごと保存することで冬に食べることができていました。

しかし、一度カットしてしまうとワタや種の部分が傷みやすく、逆に日持ちしない野菜になってしまいます。カボチャは冷凍することで高い栄養価を保ちながら、保存期間を1～2カ月延ばすことができるのです。

カボチャは下ごしらえをする際に、ワタと種の部分を取り除かなければいけない面倒な野菜です。毎回カボチャを調理するときに下処理をしなければならないのは手間ですよね。

丸ごと下処理をしてから冷凍することで調理時の手間が省け時短につながります。

ブリとカボチャの韓国風甘辛炒め

脂ののったブリとホクホクのカボチャの
ちょっとピリ辛コラボレーション。

1人1食 287円

調理時間 9分

ラク家事 MEMO

食べやすい大きさに切って生のまま保存袋へ

下ごしらえに手間をかけたくないなら、カボチャは食べやすい大きさに切って冷凍用保存袋に直接入れ生のまま冷凍を。一口大に切れば煮物に、1㎝厚さのくし形に切れば天ぷらに便利。凍ったまま調理しましょう。

・材料（2人分）

冷凍カボチャ（角切り）… 200g
ブリの切り身 … 2切れ
ごま油 … 小さじ2
A | しょうゆ … 大さじ1と1/2
　| 酒 … 大さじ1と1/2
　| 砂糖 … 小さじ2
　| ニンニク（みじん切り）… 1/2片分
カイワレ … お好み

❷

・つくり方

❶ブリはひと口大に切って、薄く小麦粉をふっておく（分量外）。冷凍カボチャはラップで包み、電子レンジ（600w）で3〜4分加熱する。

❷フライパンにごま油を入れ中火で熱し、①を入れて両面焼く。焼き色がついたら混ぜ合わせたAを加えて煮からめる。

❸器に盛り、お好みでカイワレを添える。

枝豆

夏といえば枝豆。低カロリーでたんぱく質も豊富なので、旬の時期には毎日取り入れたい食材です。冷凍してストックしておけば、何も準備していなくても「とりあえず枝豆」が可能です。

さやごと

1 生のまま冷凍

細かい小枝をキッチンばさみで切り取り、小房に分ける

▼

2 空気を抜いて保存袋へ

▼

3 凍ったまま調理 電子レンジ解凍

凍ったまま塩入りの沸騰したお湯へ。または電子レンジで短時間加熱

さやごと

1 下ゆで冷凍

さやつきのまま塩もみし、1～2分さっとゆでる。すぐに冷水にとり、水気をとる

▼

2 空気を抜いて保存袋へ

▼

3 流水・冷蔵室解凍 電子レンジ解凍

流水解凍、または冷蔵室に移して解凍、あるいは電子レンジで短時間加熱

冷凍保存で 3~4週間

その日のうちに冷凍すれば、旬の味わいが長持ちします。

枝豆もかたいさやに守られているため、比較的劣化が少なく、**丸ごと冷凍に向く野菜です。**ただし、やはり基本は新鮮なものを、購入したその日のうちに下処理することが前提となります。**旬の味わいをキープするためには、素早い下処理が必須です。**

さやごと冷凍する場合は、生のまま冷凍と下ゆで冷凍（ブランチング）の2通りありますが、ブランチングの場合は、さやつきのまま塩をもみ込んだ後、解凍時の加熱時間を考慮しながら、かために下ゆでしましょう。**あらかじめ塩もみして下ゆでしておけば、すぐに食卓に並べることができます。**

また生のまま冷凍した場合は、流水解凍や冷蔵室解凍はNG。解凍時は必ず沸騰したお湯に入れるなど、一気に加熱することが肝心です。

枝豆のふわふわ揚げ

枝豆のホクホクと豆腐のふわふわ食感でヤミツキに。
ビールのお供は、これで決まり！

1人1食 70円

調理時間 8分

・材料（2人分）

冷凍枝豆（生・さやから出し薄皮を除く）… 100ｇ
木綿豆腐 … 1/2丁（150ｇ）
鶏ひき肉 … 50ｇ
A 片栗粉 … 大さじ1
　塩 … 小さじ2/3
　しょうゆ … 小さじ1

・つくり方

❶豆腐は水切りし、ボウルに入れ手で軽くつぶす。解凍した枝豆と鶏ひき肉とAを加えてよく混ぜ合わせる。

❷スプーン2本で①をすくい、食べやすい大きさにまとめながら、170度の揚げ油（分量外）に入れ、色づくまで3〜4分ほど揚げる。

❶

❷

ラク家事MEMO

豆腐の水切りは、レンチンで素早く！

豆腐をキッチンペーパーで巻いて、電子レンジで2分ほど加熱すれば、驚くほど早く水切り完了。面倒な重しは必要ありません。

とうもろこし

実はとうもろこしは、お米、麦と並ぶ世界三大穀物といわれていますが、れっきとした野菜でもあり、胚芽部分にはビタミンB、ビタミンEやカリウム、カルシウム、マグネシウムをバランスよく含んでいます。

粒状

1 塩ゆでで冷凍

塩ゆでした後、粒状にほぐす

▼

2 ぴっちりラップで保存袋へ

▼

3 凍ったまま調理

凍ったまま調理可能。ソテーなどに

丸のまま

1 生のまま冷凍

外側の汚れている葉を数枚とひげ根をとる

▼

2 空気を抜いて保存袋へ

▼

3 電子レンジ解凍

皮ごとラップで包み、電子レンジで加熱

凍ったまま シチューやスープの具に大活躍！

新鮮なうちにゆでてしまうのがベストな方法ですが、丸のまま冷凍保存をして電子レンジ解凍も可能です。凍ったまま、丸ごと大きな鍋でゆでて使うのもいいでしょう。

ゆでて冷凍保存をする場合は、かためにゆでることをオススメします。

購入するときは、できるだけ薄皮がついているものを選びましょう。薄皮がついているとうもろこしは新鮮です。

とうもろこしごはんは、お弁当にもピッタリ。スーパーで売られている冷凍食品同様に、凍ったまま炒めたり、シチューやスープの具にするのもいいですね。

サラダにするときは、解凍後、水気をしっかりとりましょう。

1人1食 **40**円

調理時間 **10**分

（炊飯時間は含まない）

コーンの食感と甘さがごはんとの相性抜群！

とうもろこしごはん

・材料（4人分）

冷凍とうもろこし（生・丸ごと）… 1本
お米 … 2合
バター … 10g
A ｜酒 … 大さじ2
　｜塩 … 小さじ1
　｜しょうゆ … 小さじ1/2

・つくり方

❶冷凍とうもろこしは室温に5分ほど置き、凍ったまま包丁でそぐ。
❷洗ったお米を炊飯器に入れ、Aを加えてから目盛りまで水を注ぐ。
❸①の粒と芯を加え、バターをのせて炊く。

❸

ラク家事MEMO

電子レンジ加熱後、甘くプリプリに！

とうもろこしをゆでるとき、電子レンジなら簡単です。皮のまま、もしくは皮を外してラップで包んだら、電子レンジで5分加熱するだけ。加熱が終わったらしばらくそのまま庫内に置いて蒸らすと甘く、粒もプリプリになります。

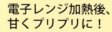

使い勝手のよい冷凍ミックス野菜

よく使う野菜をひとつにまとめて冷凍しておくと、そのまますぐに使えるのでとっても便利。調理時間の短縮にもつながり、幅広い料理に活躍します。ここでは、冷凍しておくと便利な冷凍ミックス野菜をご紹介します。

＜定番野菜ミックス＞

じゃがいも
玉ねぎ
ニンジン

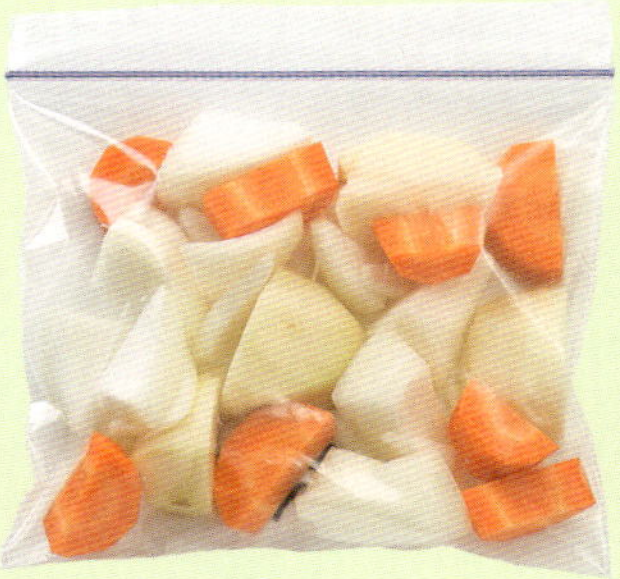

調理例→カレー、肉じゃが、ポトフ

＜根菜ミックス＞

レンコン
ごぼう
ニンジン

調理例→豚汁、きんぴら、筑前煮、ピクルス

＜定番野菜炒めミックス＞

キャベツ
長ねぎ
ピーマン

調理例→野菜炒め、焼きそば、ラーメンの具

＜洋風野菜ミックス＞

ナス
トマト

調理例→ラタトゥイユ、パスタ、カレー

＜きのこミックス＞

シメジ
エリンギ
シイタケ

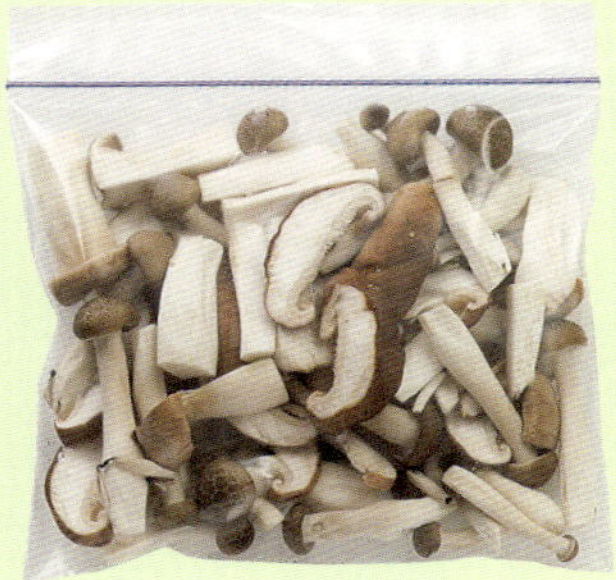

調理例→ハヤシライス、パスタ、マリネサラダ

＜鍋野菜ミックス＞

白菜
長ねぎ

調理例→鍋、ミルク煮、煮びたし、みそ汁

根菜
きのこ
香味野菜

まさかそんな野菜まで!?　大丈夫、冷凍できるんです！
ベチャベチャ、パサパサしない解凍を目指して、
賢く凍らせてしまいましょう！

大根
ごぼう
レンコン
ニンジン
さつまいも
長いも
シイタケ
シメジ／エノキ／エリンギ／ナメコ
ミョウガ
ニンニク／ショウガ／大葉／パセリ
レモン

大根

生で食べるのはもちろんのこと、炒めたり、蒸したり、煮たりといろいろなバリエーションが楽しめる野菜の代表格。冷凍できるなんてうそのようですが、大根おろしだって凍らせて保存できるのです。

すりおろし

1 生のまま冷凍

すりおろして軽く水気を絞る。1㎝以下の厚みになるよう小分けしてラップで密閉

2 ぴっちりラップで保存袋へ

3 自然解凍

そのまま生食可能。焼き魚に添えたり、あえものやみぞれ鍋にも

いちょう切り

1 下ゆで冷凍

いちょう切りにして、かために下ゆでした後、氷水にとり、水気をとる

2 ぴっちりラップで保存袋へ

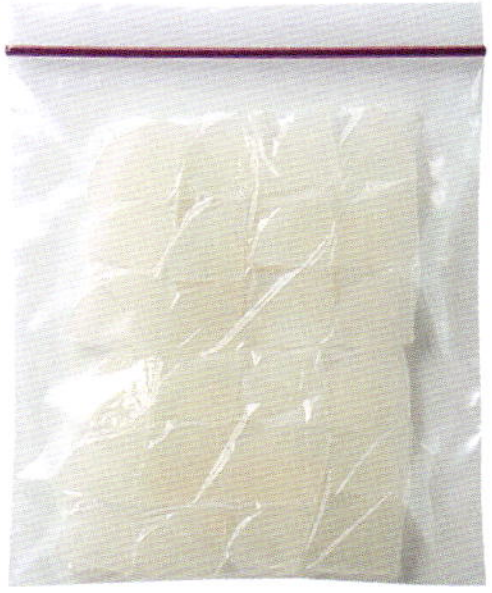

3 凍ったまま調理

凍ったまま沸騰した煮汁に入れる

冷凍保存で 3~4週間

ジアスターゼを生かすなら、生ですりおろして冷凍を！

大根を生のままで冷凍すると、酵素の働きで栄養分の減少が少なからず起こります。長く冷凍する場合、冷凍前に下ゆでをすることで、酵素の働きを止めることができます。ですので、ホームフリージングをするならば、下ゆでをしてからの冷凍がオススメです。

しかし、**大根には消化を助けるジアスターゼという素晴らしい酵素が含まれています。**せっかくのこの働きを生かすならば、すりおろして生のまま冷凍しておくとよいでしょう。

自然解凍をすれば、そのまま焼き魚や鍋の薬味に使えます。しらすおろしにするのもいいですね。

旬の季節には丸ごと1本買って、下ゆで冷凍し、スープや煮物にもどんどん使ってください。

1人1食
60円

調理時間
6分

滋味豊かでちょっぴりスパイシー。寒い夜もこれで体がポカポカに。

鶏ひき肉と大根のショウガスープ

・材料（2人分）

冷凍大根（ゆで・いちょう切り）… 1/4 本分
鶏ひき肉 … 100ｇ
赤唐辛子（小口切り）… 1 本分
Ａ｜水 … 2 カップ
｜酒 … 大さじ 1
｜鶏がらスープの素 … 小さじ 2
｜ショウガ（すりおろし）… 1/2 片分

・つくり方

❶鍋にAを入れて火にかけ、沸騰したら冷凍大根を加える。
❷大根が解凍したら、赤唐辛子を入れ、鶏ひき肉を人さし指の先くらいの大きさにつまんで加え、アクをとり軽く煮る。

ラク家事 MEMO

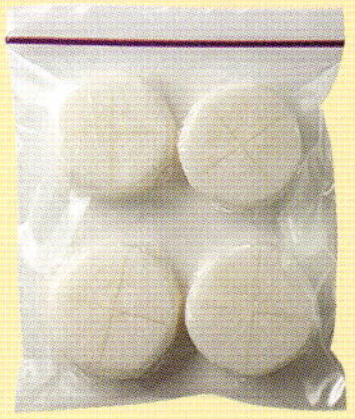

おでん用には、厚切りで生のまま冷凍も

歯ごたえはなくなりますが、おでん用に 2 ～ 3㎝ほどの厚切りにして面取り後、十字に隠し包丁を入れたものをラップ＆保存袋で生のまま冷凍も可能。凍ったまま調理すれば、下ゆでいらずで、煮込み時間も半分でＯＫです。

ごぼう

旬の安価な時期にまとめ買いをして冷凍保存をしておくと、和風の定番料理やサラダなどで大活躍してくれます。食物繊維が豊富でダイエット効果も期待できる野菜の王様です。

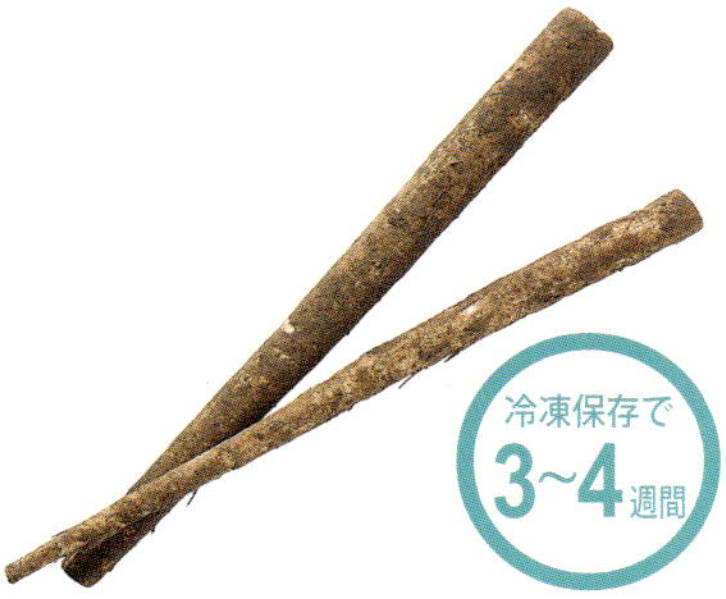

冷凍保存で
3~4週間

斜め薄切り

1 焼いて冷凍

細切りにし、油を引いたフライパンで焼き、しっかり冷ます

2 ぴっちりラップで保存袋へ

3 凍ったまま調理

凍ったまま煮物や汁物などに

そぎ切り

1 下ゆで冷凍

そぎ切りにしてかためにゆでる

2 ぴっちりラップで保存袋へ

3 自然解凍 流水解凍

そのまま加熱調理も可能

簡単な下処理をするだけ！冷凍しておいしくなる野菜の代表選手。

ごぼうは食物繊維が豊富なためかたくて調理するのが大変ですが、旬の時期にはたくさん購入して一気に冷凍保存をしておくと、調理に取り入れやすくなります。

アクが強く、切り口が空気に触れると茶色く変色してしまうため、生のままでの冷凍は難しく、冷凍保存には下処理が必要です。

そぎ切りにしてかためにゆでたり、斜め薄切りにしてかために焼いたりするだけで、献立づくりの強い助っ人になってくれます。

冷凍しても食感はそのままで、味もしみ込みやすくなるので、きんぴらや豚汁や炊き込みごはんなど和食の定番料理に最適です。

1人1食 100円

調理時間 4分

ごぼうとツナのごまマヨサラダ

おつまみに、お弁当のおかずに！　男子が喜ぶこと間違いなし！

・材料（2人分）

冷凍ごぼう（ゆで・そぎ切り）… 1/2 本分
ツナ缶 … 1/2 缶
酢 … 小さじ 1
A｜マヨネーズ … 大さじ 1
　｜白すりごま … 大さじ 1

・つくり方

❶冷凍ごぼうは自然解凍し、ペーパータオルで水気をふきとり、酢をまぶす。
❷ボウルに①と缶汁を切ったツナ、A を加えてよく混ぜる。

❶

ラク家事 MEMO

ごぼうの皮むきは アルミホイルが簡単！

ごぼうの皮むきは、包丁だと汚れが飛び散るので後片付けが大変ですが、くしゃくしゃにしたアルミホイルなら簡単。ごぼうの表面をこするだけなので、汚れが飛び散ることもなく、皮に含まれている香りやうまみも残せます。

レンコン

疲労回復、かぜの予防、がん予防、老化防止に効果のあるビタミンCが豊富。独特の食感を持つレンコンはお正月やお祝いの席でよく使われます。「見通しがきく」として昔から縁起物とされているからだそうです。

冷凍保存で
3~4週間

乱切り

1 焼いて冷凍

乱切りにし、油を引いたフライパンで焼き、しっかり冷ます

▼

2 ぴっちりラップで保存袋へ

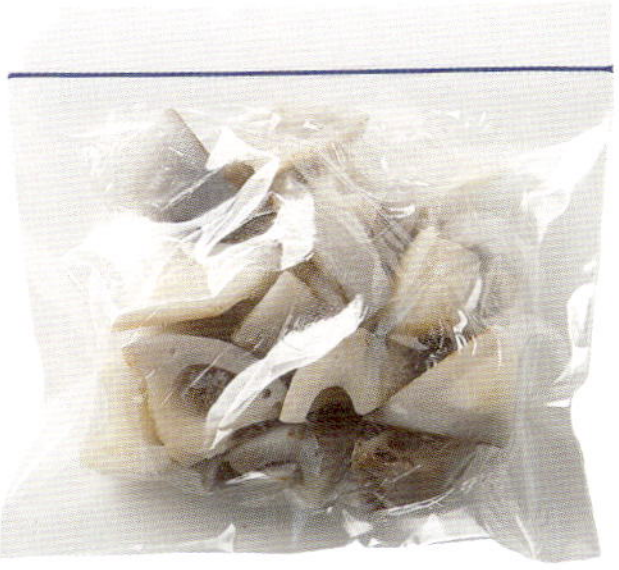

▼

3 凍ったまま調理

凍ったまま沸騰した煮汁に入れる

輪切り

1 下ゆで冷凍

輪切りにして酢水にひたし、かためにゆで氷水にとり、水気をとる

▼

2 ぴっちりラップで保存袋へ

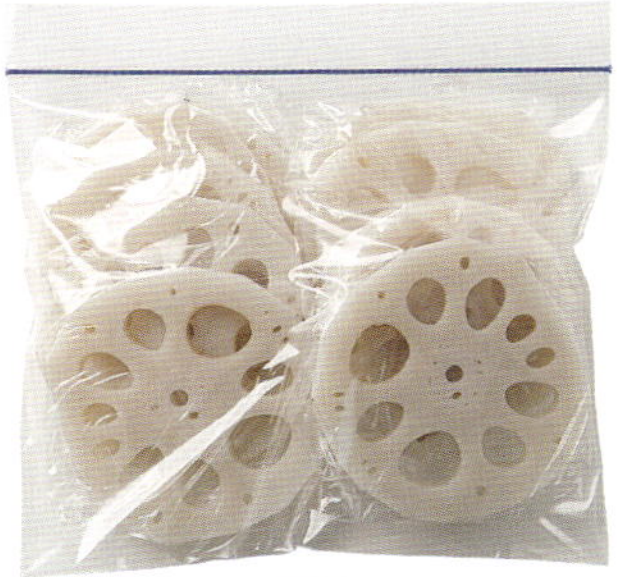

▼

3 自然解凍

バットに入れ自然解凍。解凍したら水気をよくふく

冷凍するときは薄めに切りましょう。

レンコンは変色しやすいので、切ってからまず酢水にひたしましょう。**酢水にひたすと白い色そのままで冷凍保存ができます。**

酢を入れた湯でレンコンをゆでてから冷凍してもOKです。冷凍するときは、しっかり水気をふき取ってから保存袋に入れてください。

冷凍すると味がしみやすくなるので、煮物をするときなど時短になり便利です。

冷凍するときは、薄めに切りましょう。

厚く切ると、調理後の食感に違和感を覚えることもあります。すりおろしてモチモチ食感、薄切りにしてシャキシャキ食感のふたつの食感を味わえるのがレンコンの魅力。冷凍保存をして日常の調理に積極的に取り入れてみましょう。

食べごたえ抜群！　トースターでできる簡単和風ピザ。

レンコンと明太子のピザ

1人1食 **246**円

調理時間 **11**分

・材料（2人分）

冷凍レンコン（ゆで・輪切り）… 100ｇ
ピザ生地（市販品）… 1枚
ピザ用チーズ … 30ｇ
A｜明太子（薄皮を取る）… 30ｇ
　｜マヨネーズ … 大さじ1と1/2
　｜レモン汁 … 小さじ1/2
　｜塩・コショウ … 各少々
万能ねぎ（小口切り）… 適量

・つくり方

❶冷凍レンコンは自然解凍し、混ぜ合わせたAと合わせる。
❷ピザ生地に①を並べ、ピザ用チーズをのせる。
❸トースター（1000ｗ）で表面に焼き色がつくまで5～6分ほど焼き、万能ねぎを散らす。

ニンジン

ニンジンといえばβ-カロテン。β-カロテンはビタミンAに変換されて体内に作用するので、動脈硬化や心筋梗塞などの生活習慣病から守ってくれます。旬は秋冬ですが、1年を通して品質がよく比較的安価です。

冷凍保存で
3~4週間

せん切り

1 生のまま冷凍

水洗いし、水気をふき、4～5cm 長さのせん切りにする

2 ぴっちりラップで保存袋へ

3 凍ったまま調理

油を引いたフライパンに凍ったまま入れる。炒め物などに

いちょう切り

1 下ゆで冷凍

いちょう切りにし、かためにゆでて氷水にとり、水気をとる

2 ぴっちりラップで保存袋へ

3 自然解凍

バットに入れ自然解凍。サラダや添えものに

ちょっとした工夫でおいしく食べられる!

加熱をしないまま冷凍すると、中にできた氷結晶により繊維が押しのけられて集まり、固まってしまい、解凍したときには食感がスカスカになるニンジン。

そのため、生で冷凍するなら食感がわからない程度に薄くスライスしたうえで冷凍するとよいでしょう。

スライスした生のニンジンを冷凍した場合は、酵素反応で色や味が変化しないように、凍ったまま煮込むなど、加熱をするようにしましょう。

あらかじめ味つけのしてあるものは、酵素反応が抑えられているため、加熱したものはそのまま食べられます。

加熱をしたニンジンは、繊維がやわらかくなっているため、冷凍しても食感が悪くならず、問題なく食べることができます。

1人1食
36円

調理時間
2分
（漬け込み時間は含まない）

すごく簡単なのに箸が止まらなくなるおいしさ！

やみつきニンジンマリネ

・材料（2人分）

冷凍ニンジン（生・せん切り）… 1本分（100ｇ）

A ｜すし酢 … 大さじ1と1/2
　｜オリーブオイル … 小さじ1/2

パセリ（みじん切り）… 適量

・つくり方

❶ポリ袋に冷凍ニンジンを入れAを加える。
❷空気を抜くように袋を縛り、室温で1時間ほど置く。
❸器に盛り、パセリを散らす。

ラク家事MEMO

ひと手間でニンジンがおいしく長持ち！

比較的長期保存できるニンジンですが、気づくと表面がシワシワになったり、やわらかくなったりしますよね。ニンジンは購入した袋から取り出し1～2本ずつキッチンペーパーで包み、ポリ袋に入れて野菜室で保存すると3週間ほど長持ちします。

さつまいも

加熱してもでんぷんが多いため、含まれているビタミンCが壊れにくいさつまいも。持ったときにずっしりと重みのあるものがオススメ。細かったりヒゲ根がたくさん残っているものなどは繊維が多いようです。

冷凍保存で
3~4週間

マッシュ

1 下ゆで冷凍

ゆでたさつまいもをマッシャーなどでつぶし、しっかりと冷ます

2 ぴっちりラップで保存袋へ

3 電子レンジ解凍

耐熱皿にのせ、電子レンジで解凍

角切り

1 下ゆで冷凍

角切りにし、かためにゆでしっかり冷ます

2 空気を抜いて保存袋へ

3 自然解凍

バットに入れ自然解凍。解凍したら水気をよくふき、サラダやスイーツに

加熱するとホクホクに！

さつまいもは加熱しないで冷凍すると、酵素反応が起こって褐変《かっぺん》してしまいます。褐変とは、調理・食品加工・保存などで起こる色の変化のこと。褐変を防ぐには一度加熱してから冷凍をすることが必要です。

さつまいもを冷凍したい場合は、味つけをしてから冷凍しましょう。

調味料を使用することによって酵素反応が抑えられるため、褐変をある程度避けることができます。加熱すると、デンプンが糊化してホクホクとした食感が楽しめます。加熱することで甘みが増していくので、デザート作りにもオススメ。マッシュにしておくとさらに便利。ブランチングでも70度くらいでぬるめの加熱をすれば、食感がよくなります。

1人1食
75円

調理時間
8分

子どもも大人も大好き！ 解凍して混ぜるだけで簡単にできちゃいます。

さつまいものマッシュ

・材料（作りやすい分量）

冷凍さつまいも（ゆで・マッシュ）… 1本分（300ｇ）
生クリーム … 小さじ2
干しぶどう … 大さじ2～3
A | バター … 20g
　| 砂糖 … 大さじ2

・つくり方

❶冷凍さつまいもは電子レンジ加熱をして解凍し、やわらかくなったらボウルに移し替えて2～3分ほど温める。
❷ボウルに①とAを入れ、よく練り混ぜる。
❸生クリームと干しぶどうを加えてさらによく練り混ぜ、粗熱が取れたら保存容器に入れる。

ラク家事MEMO

つぶしたさつまいもは菜箸で筋をつけて冷凍が便利！

つぶしたさつまいもを冷凍する際は、菜箸で筋を入れておくと、使いたい分量だけ割って取り出せるので便利。少量のサラダやディップ、子どもの離乳食などに重宝します。

長いも

長いもとは長い棒状で、最も流通している山いものこと。ほかの山いもよりも水分が多く、すりおろすとサラサラ、粘りが少なめです。細めに切ってサクサクとした食感を楽しむ料理に向いています。

冷凍保存で
3~4週間

すりおろし

1 生のまま冷凍

皮をむき、すりおろす

2 空気を抜いて保存袋へ

3 流水解凍

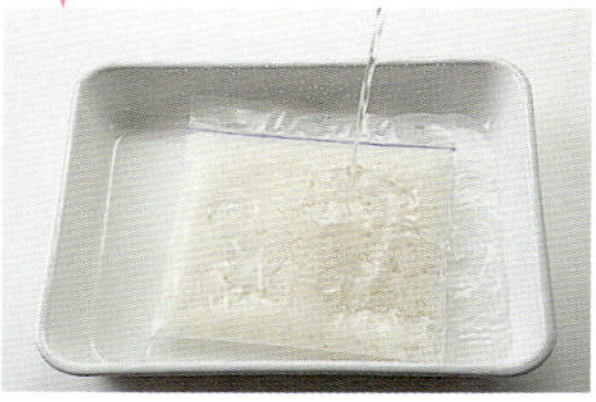

流水をかけて解凍。解凍後はお好みで味つけし、とろろに

丸のまま

1 生のまま冷凍

水洗いし、水気をふき、皮ごと袋の大きさに合わせて切る

2 ぴっちりラップで保存袋へ

3 凍ったまま調理

凍ったままピーラーで皮がむけ、カットできる

お好み焼きやたこ焼きにも使えます。

長いも独特のぬめりには、胃粘膜を守ってくれる成分があります。消化酵素のジアスターゼが含まれているため、生で食べても胃にもたれません。**食物繊維も含まれているので、便秘にも効果があります。**

長いもは皮のまま、ラップで包んでから冷凍用保存袋に入れて冷凍します。使うときは、凍ったまま調理をしましょう。**凍ったままでもすりおろすことができるので、使う分量だけすりおろせて便利です。**

生でそのままシャキシャキ食べるのもおいしいのですが、お好み焼きやたこ焼きに入れると、生地がふわふわに。みそ汁やめん類に入れると、味をまろやかにしてくれます。

明太とろろうどん

めん類に入れるとまろやかな味に！

1人1食 164円

調理時間 7分

・材料（2人分）

冷凍長いも（生・すりおろし）… 100g
冷凍うどん… 2袋
A | 明太子（薄皮をとる）… 50g
　| めんつゆ（3倍濃縮）… 大さじ2
　| 水 … 100㎖
大葉（せん切り）… 2枚分
刻み海苔 … 適量
白いりごま … 適量

・つくり方

❶うどんは表示通り解凍し、流水でよく洗い、水気を切って器に盛る。
❷冷凍長いもは自然解凍をしてAと混ぜ合わせる。
❸うどんと別の器に②を注ぎ、大葉と刻み海苔、白いりごまをのせる。

ラク家事 MEMO

まな板が汚れず、手もぬるぬるしないテクニック

ぬるぬるする長いものすべらない切り方。濡れたキッチンペーパーをまな板に敷き、皮をむいた長いもをのせて包丁で切れば、すべらずきれいに切れ、まな板も汚れないので洗う手間もありません。山いもやオクラでもできます。

シイタケ

低カロリーでミネラル・食物繊維が豊富。抗がん作用があるといわれるレンチナンという物質を含んでいます。血圧降下作用やコレステロールを下げる作用などがあり、現代人には欠かせない食材といえるでしょう。

冷凍保存で
3~4週間

薄切り

1 生のまま冷凍

石づきと軸の部分を切り落とし、かさを薄切りにする

▼

2 ぴっちりラップで保存袋へ

▼

3 凍ったまま調理

凍ったまま調理可能。炒め物やスープなどに

丸のまま

1 生のまま冷凍

石づきを切り落としてかさと軸に分ける

▼

2 空気を抜いて保存袋へ

▼

3 凍ったまま調理

凍ったまま調理可能。かさを上にしてグリルで焼くとうまみもアップ

きのこは冷凍するとうまみと栄養がアップします。

シイタケをはじめとするきのこ類は低カロリーで栄養が少なく思われますが、ビタミンB群やカリウムなどのミネラル、たんぱく質などを多く含んでいます。さらにきのこに多く含まれるグアニル酸などのうまみ成分は冷凍によって増えることが研究によってわかってきました。それは、きのこを冷凍すると、きのこの細胞中の水分が水結晶となって細胞を壊し、栄養が溶け出して、うまみが外に出やすくなるからです。

よりうまみ成分を出しやすくするには、保存袋の上から新聞紙など断熱効果のあるもので包んで冷凍することです。凍るまでの時間がかかり、細胞が傷つきやすくなり、うまみ成分がよりたくさん出るため、おいしさや香りがアップします。

外はサクッ、中はフワッと！　シイタケのうまみがギュッと詰まった逸品！

シイタケの肉詰めフライ

1人1食 130円

調理時間 12分

・材料（2人分）

冷凍シイタケ（丸ごと）… 6個
合いびき肉 … 50 g
小麦粉・溶き卵・パン粉 … 各適量
A | 玉ねぎ（みじん切り）… 1/8 個分
　| 溶き卵 … 大さじ 1/2
　| 塩・コショウ … 各少々
ウスターソース … 適量
パセリ … 適宜

・つくり方

❶ボウルに合いびき肉、A を加えてよく混ぜる。
❷シイタケのかさの内側に薄く小麦粉をふり（分量外）、①をのせ、こんもりと詰める。
❸小麦粉・溶き卵・パン粉の順に衣をつけ、170 度の油（分量外）で、表面がきつね色になるまで 3 ～ 4 分ほど揚げる。
❹器に盛り、ウスターソースをかけ、パセリを添える。

❷

シメジ

凍ったまま汁物や煮物に便利に使える。

そのまま

1 生のまま冷凍

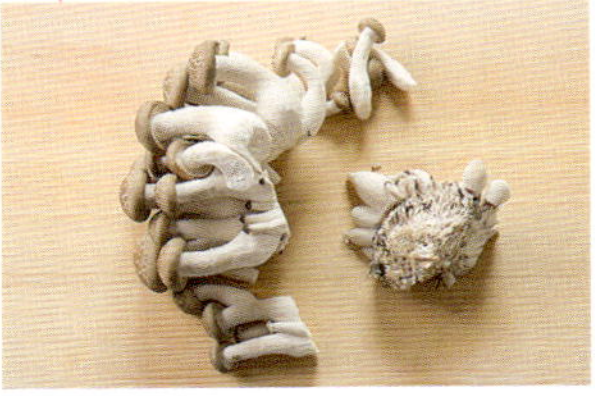

根元を切り落としてほぐす

2 空気を抜いて保存袋へ

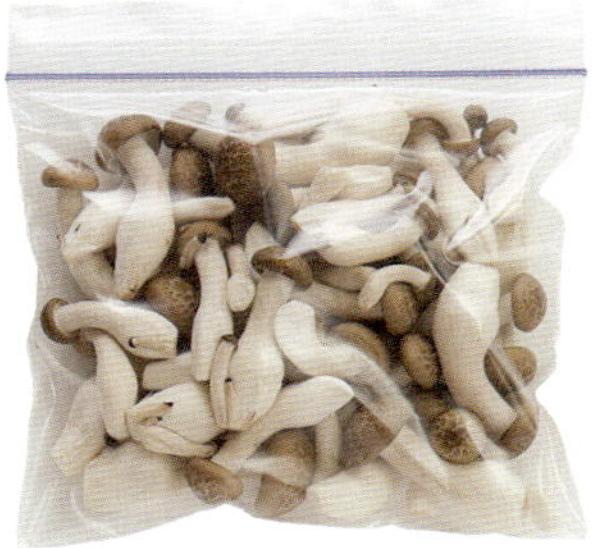

3 凍ったまま調理

凍ったまま炒めてソテーなどに

冷凍保存で 3~4週間

冷凍・解凍しても色や食感が変わりにくい。

冷凍・解凍してもさほど色や食感が変わりにくい性質を持っています。生のまま冷凍した場合は、凍ったまま加熱をすれば、便利に使えます。

冷凍によって組織が損傷するとうまみ成分がしみ出しやすくなるため、**汁物や煮物などに入れれば味わい深くなります。**

エノキ

「冷凍したらおいしい食材ベスト3」に選ばれる食材。

そのまま

1 生のまま冷凍

根元を切り落としてほぐす

2 空気を抜いて保存袋へ

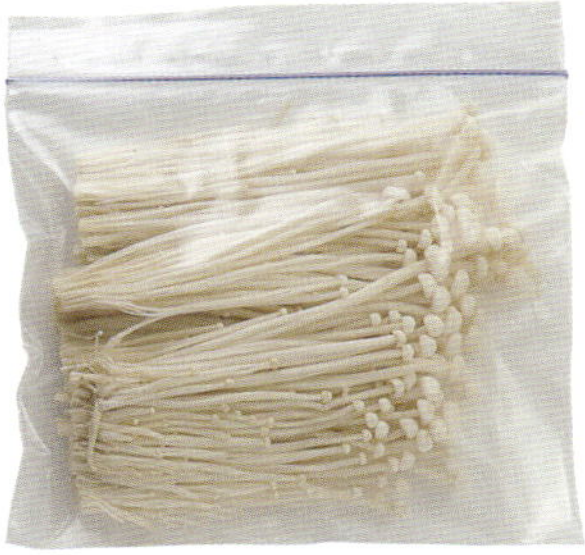

3 凍ったまま調理

凍ったまま炒めてソテーや、豚肉で巻いて焼き物などに

冷凍保存で 3~4週間

酵素パワーがうまみを成長させてくれます。

「冷凍したらおいしい食材ベスト3」に選ぶとしたら、間違いなくエノキダケを選びます。

凍らせると細胞の中に氷ができて、細胞がダメージを受け、壊れていきます。細胞から出た酵素が自由に動いてうまみを作り出してくれ、**生のままよりも深い味わいになります。**

エリンギ

3大うまみ成分の一つ、グアニル酸が冷凍することで生の3倍に！

薄切り

1 生のまま冷凍

薄切りにする

2 空気を抜いて保存袋へ

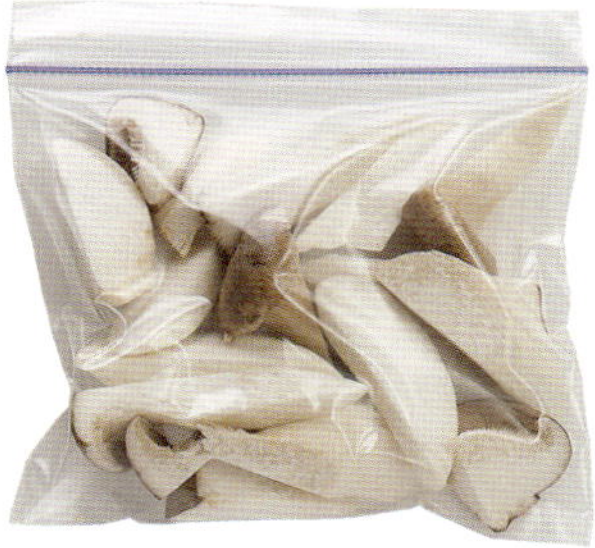

3 凍ったまま調理

凍ったまま炒めてソテーなどに

冷凍保存で 3~4週間

解凍せずに調理をしてうまみ成分を味わおう。

エリンギを凍らせると細胞内の水分が膨張して細胞が壊れ、**加熱調理の過程でグアニル酸といううまみ成分を生成する酵素が働きやすくなってきます。**グアニル酸が生のまま加熱した場合の3倍ほどの量になるので、ぜひ冷凍をして解凍せずに調理をし、**3大うまみ成分のひとつを味わいましょう。**

ナメコ

パッケージごとそのまま冷凍してしまえるのでとっても便利。

そのまま

1 生のまま冷凍

袋ごと、割り箸で分けめをつける

2 空気を抜いて保存袋へ

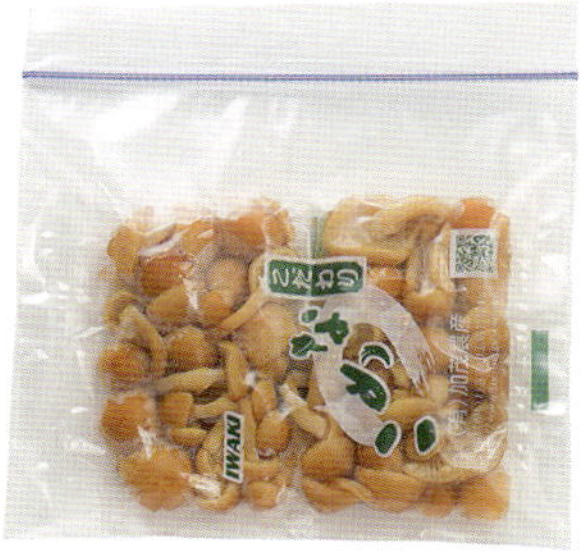

3 凍ったまま調理

凍ったまま調理可能。半分に折っても使える

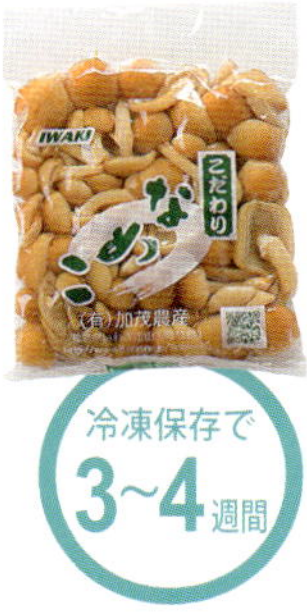

冷凍保存で 3~4週間

割り箸で分けめをつけると小分けできて便利！

買ってきたナメコをパッケージごと冷凍してしまうととても便利です。最近は真空パックで売られているナメコも多いので助かりますね。**保存袋に入れるときは、空気をしっかりと抜きましょう。**パッケージに割り箸などで分けめをつけると、小分けができて調理がカンタンです。

ミョウガ

なんと食用に栽培しているのは日本だけ！　ほかの国では食べない野菜のひとつ。夏にとれるのが夏ミョウガ、秋にとれるのが秋ミョウガと呼ばれています。秋ミョウガの方がふっくらとして大きいようです。

冷凍保存で
3~4週間

斜め薄切り

1 生のまま冷凍

水洗いし、水気をふき、斜め薄切りにする

▼

2 ぴっちりラップで保存袋へ

▼

3 凍ったまま調理

凍ったまま調理可能。汁物などには最後に加えるとよい

丸のまま

1 生のまま冷凍

水洗いをして水気をしっかりふく

▼

2 空気を抜いて保存袋へ

▼

3 凍ったまま調理

凍ったまますし酢や甘酢に漬けてピクルスに

「ゆでる」「炒める」で食感が気にならなくなる。

傷がなく締まっていて、つぼみが見えていないものがよいミョウガです。この状態のときに食べたり、冷凍をしたりするとよいでしょう。

酵素反応が少ないため、生の状態で冷凍をした後、凍ったまま刻んだり、加熱したりして使うほか、解凍しても使えます。

ただし、冷凍・解凍によって細胞膜が壊れて、水分が流出し、そのままのサイズだと食感がやわらかくなってしまうので、それが気になる人は冷凍前に刻むか、凍ったまま刻めば、さほど食感の変化を感じなくなります。

ゆでたり炒めたりすれば、酵素が失活していて食感がすでに変化しているため、問題なく解凍ができます。

ミョウガの食感と酸味がアクセントに！
ごはんがすすむ簡単おかず。

鶏むね肉とミョウガの塩こうじ焼き

1人1食 **135**円

調理時間 **10**分
（漬け込み時間は含まない）

・材料（2人分）

冷凍ミョウガ（生・斜め薄切り）… 3個分
鶏むね肉 … 1枚（250g）
塩こうじ … 大さじ1と1/2
片栗粉 … 適量
サラダ油 … 大さじ1
酒 … 大さじ1
しょうゆ … 小さじ1/2
白いりごま … 適量

・つくり方

1. 鶏むね肉は皮をとり、ひと口大のそぎ切りにする。
2. ポリ袋に①と塩こうじを入れて軽くもみ、冷蔵庫で一晩置いてから片栗粉をまぶす。
3. フライパンにサラダ油を入れ中火で熱し、②を焼く。焼き色がついたらひっくり返して酒をふり、フタをして弱めの中火で3～4分ほど蒸し焼きにする。
4. 冷凍ミョウガを加えて軽く炒め合わせ、しょうゆで味をととのえる。器に盛り、白いりごまをふる。

ニンニク

使い切れない野菜の代表も冷凍で超便利に大変身！

薄切り

1 生のまま冷凍

薄切りにする

2 ぴっちりラップで保存袋へ

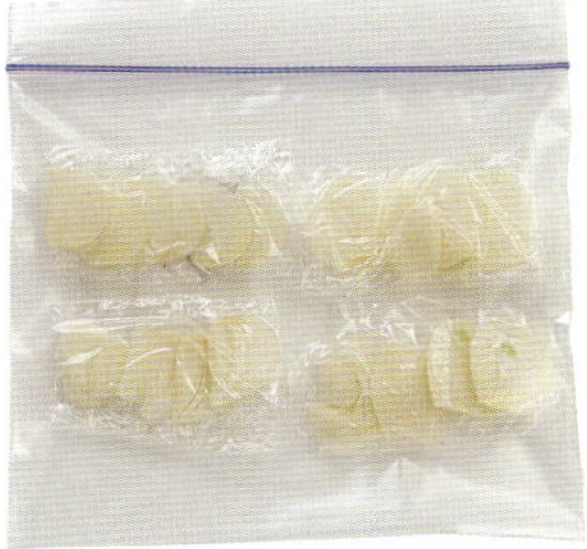

3 凍ったまま調理

凍ったまま炒めたり、スープに加える

冷凍保存で 3~4週間

凍ったまま炒め物の調理に！

中心の芽のところが気になる人は取り除いて冷凍してください。少量ずつ小分けにラップをしておくと、使いたい分だけ下ごしらえをせずにすぐに使えます。

凍ったまま、炒め物の調理に。中華料理やパスタを作るときに、すぐに冷凍庫から出せて鍋に入れられるので、調理がラクラクです。

ショウガ

時間があるときにまとめて冷凍してここぞというときに登場させましょう。

薄切り・せん切り

1 生のまま冷凍

調理用途で、薄切りやせん切りにする

2 ぴっちりラップで保存袋へ

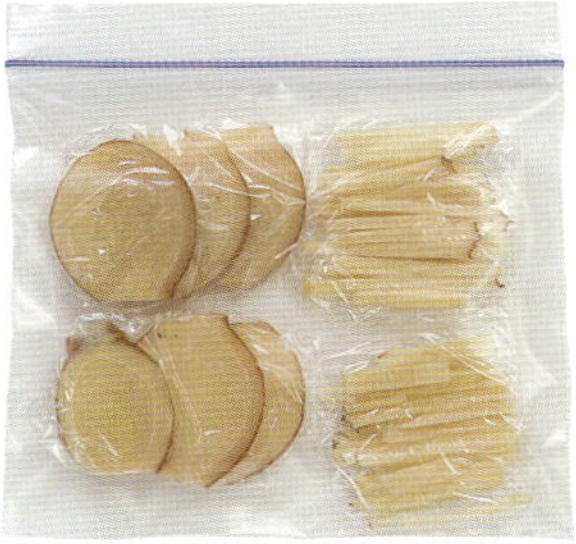

3 凍ったまま調理

凍ったまま炒めたり、煮汁に加える

冷凍保存で 3~4週間

凍ったままポンッとお鍋やフライパンに！

切ったりすったりするのがなかなか面倒なショウガですが、時間があるときにまとめて冷凍しておけば、いつでも新鮮な薬味として、炒め物の味つけなどとして使えます。使う分だけ小分けにして冷凍しておきましょう。凍ったまま煮物に入れれば、におい消しになります。丸のまますりおろしもOK。

大葉

しなびやすい野菜なので、すぐに冷凍してしまいましょう。

そのまま

1 生のまま冷凍

茎を切り落とす

2 空気を抜いて保存袋へ

3 凍ったまま調理 自然解凍

もんで細かく砕いて薬味などに

冷凍保存で 3~4週間

加熱するなら、凍ったままでも大丈夫。

大葉は放っておくとすぐにしなびてしまう野菜。その姿を見ると、ちょっと落ち込みますよね。であるならば、すぐに冷凍してしまいましょう。**せん切りにしてから冷凍するのもオススメです。**加熱なら、凍ったままでも大丈夫です。薬味として使うのなら、自然解凍をしてからにしましょう。

パセリ

冷凍しておけば、いつでも料理に彩りを添えられる。

そのまま

1 生のまま冷凍

茎と葉を分ける

2 空気を抜いて保存袋へ

3 凍ったまま調理

葉はもんで細かくし、彩りに。茎はスープなどに

冷凍保存で 3~4週間

凍ったまま砕けばみじん切りに！

パセリは酵素反応が少ないため、生の状態で冷凍をした後、凍ったままフードプロセッサーにかけたり、刻んで食べられます。手でほぐしてチャーハンにもOK。

あの独特の香りの元の成分の**アピオールには、食欲増進や疲労回復、口臭予防などに効果があると**いわれています。

レモン

フルーツは生の状態で凍らせると解凍時に食感が維持できず、ドリップが出て水っぽくなることがありますが、工夫次第でおいしく食べられます。

冷凍保存で
3~4週間

丸ごと生のまま冷凍していろいろ使える。

生のままで冷凍すると、解凍したときに果実の水分が流出して食感が悪くなってしまいますが、**凍ったまま食べるぶんには大丈夫**です。凍ったまますりおろしてピューレにすれば、食感の変化が気になりませんし、**凍ったままで加熱調理に使ってもよいでしょう。**

丸ごと生のまま冷凍可能。冷凍室から出し2~3分してからスライス。残ったらまた冷凍しても大丈夫です。

くし形切り

1 生のまま冷凍

くし形に切る

2 ぴっちりラップで保存袋へ

3 自然解凍

すぐに解凍するので、凍ったまま料理に添えて

ラク家事 MEMO

柚子の皮は冷凍しておくと便利

柚子の皮も冷凍しておくと便利。香りが飛ばないようにぴっちりラップで保存袋に。凍ったまません切りにして料理の彩りや香りづけにしましょう。絞り汁を冷凍するなら製氷皿で凍らせてから保存袋に入れましょう。

スムージー＆野菜ジュースレシピ

少しずつ余った野菜や果物をひとつにまとめて冷凍しておくと、スムージーや野菜ジュースが簡単に作れるので便利。生のまま保存するよりも、酵素が長持ちするので、うまみのある栄養価が高いスムージー＆野菜ジュースが作れます。

＜グリーンミックス＞

小松菜　ざく切り（1/2 束）
キウイ　いちょう切り（1/2 個）
リンゴ　いちょう切り（1/4 個）

グリーンジュース

・材料（2人分）

冷凍グリーンミックス … 1袋

A | 水 … 200 mℓ
　| レモン汁 … 大さじ 1
　| はちみつ … 大さじ 1

・つくり方

❶ミキサーに冷凍グリーンミックスと A を入れ撹拌する。

＜オレンジミックス＞

ニンジン　いちょう切り（1/2 本）
オレンジ　外皮をむいて薄い半月切り（1 個）

ニンジンとオレンジのスムージー

・材料（2人分）

冷凍オレンジミックス … 1袋

A | 牛乳 … 150 mℓ
　| プレーンヨーグルト … 100g
　| はちみつ … 小さじ 2

パセリ … 適宜

・つくり方

❶ミキサーに冷凍オレンジミックスと A を入れ撹拌する。
❷器に入れ、あればパセリを飾る。

著者プロフィール

鈴木 徹
（すずき・とおる）

博士（農学）。東京海洋大学食品生産科学部門教授。日本食品保蔵科学会理事、日本食品科学工学会理事。食品メーカーとの共同開発も活発に行っている。日本では数少ない冷凍学の専門家として、新聞、テレビなどメディア出演等多数。著書に『かんたん 節約 すぐできる おいしい！冷凍保存レシピ』（高橋書店）『冷凍保存レシピBOOK 解凍テクがおいしいのコツ！』（朝日新聞出版）がある。

島本美由紀
（しまもと・みゆき）

料理研究家。一般社団法人「食エコ研究所」代表。旅先で得たさまざまな感覚を料理や家事のアイデアに活かし、手軽に作れるおいしい料理レシピを考案。家事全般のラク（楽しくカンタン）を追求する「ラク家事アドバイザー」としても活動。また、冷蔵庫収納や食品保存のスペシャリストとしても活動し、実用的なアイデアが好評で、テレビや雑誌、講演会を中心に多方面で活躍中。著書は40冊を超える。

野菜《やさい》のおいしい冷凍《れいとう》・解凍《かいとう》

印刷　2018年11月10日
発行　2018年11月25日

著者　鈴木徹《すずきとおる》
　　　島本美由紀《しまもとみゆき》

撮影　安部まゆみ
デザイン　塩飽晴海
イラスト　高橋カオリ
調理アシスタント　原久美子
取材協力　成田博之、亀田早希（えだまめ）
校正　加藤初音

発行人　黒川昭良
発行所　毎日新聞出版

〒102-0074
東京都千代田区九段南1-6-17　千代田会館5階
営業本部　03-6265-6941
図書第二編集部　03-6265-6746

印刷・製本　光邦

ISBN978-4-620-32546-0